IA y autodescubrimiento:
Riesgos y oportunidades

por Elias Rubenstein

Pie de imprenta:

© 1ª Edición 2023
Todos los derechos reservados.
Derechos de autor de Hermetic World Ltd.
Limnaria 1 Westpark Village, Shop 20, 8042 Paphos, Cyprus.
Reg. No: HE 410936

Agradecimiento

Quiero dar las gracias a todos los colaboradores de Hermetic World que han hecho posible la realización de este libro.

Sumario

Espiritualidad e inteligencia artificial

Mientras la humanidad sigue extendiendo los límites de lo que es posible con la tecnología y la Inteligencia Artificial (IA), es fundamental que también consideremos las implicaciones espirituales de estos avances. "IA y autodescubrimiento: Riesgos y Oportunidades" examina la compleja y multifacética relación entre la IA y la espiritualidad, explorando tanto los posibles peligros como las emocionantes posibilidades que tenemos por delante. Desde una perspectiva espiritual, el avance continuo de la IA plantea importantes cuestiones sobre la naturaleza de la conciencia y el papel de la tecnología en la formación de nuestra comprensión del mundo.

Por un lado, la capacidad de crear máquinas capaces de procesar grandes cantidades de datos plantea importantes dilemas éticos y morales. Por otro lado, el potencial de la IA para ampliar las habilidades humanas y mejorar nuestra comprensión del mundo, así como para procesar información, podría conducir a nuevas percepciones espirituales y a una comprensión más profunda de la experiencia humana. Mientras navegamos por el panorama en rápida evolución de la IA, es fundamental que nos acerquemos a esta tecnología con atención plena y una profunda comprensión de sus implicaciones espirituales. Este libro ofrece una exploración profunda y crítica de la compleja relación entre la IA y la espiritualidad, proporcionando a los lectores las herramientas y perspectivas necesarias para afrontar los riesgos y oportunidades del futuro.

Este libro no es para los profetas del día del juicio final de la "Vuelta a la Naturaleza" que quieren desvincularse de la sociedad. No es para los pseudo-rebeldes que supuestamente quieren escapar de los desafíos sociales y políticos "autosuficientemente" en una comuna. En general, este libro es una lectura obligatoria para todos aquellos que estén interesados en las implicaciones espirituales de la Inteligencia Artificial, y una valiosa fuente de información para cualquiera que busque una comprensión más profunda de la compleja relación entre tecnología y espiritualidad. El libro ilumina el impacto de la IA en la sociedad y la espiritualidad. Si la inteligencia artificial puede o no reemplazar la espiritualidad humana, es una pregunta compleja y de muchos niveles, que muestra tanto peligros potenciales como emocionantes posibilidades.

Aunque la IA ofrece las condiciones para ampliar las capacidades humanas y profundizar nuestro entendimiento del mundo, nunca podrá sustituir la experiencia única y humana de la espiritualidad. Una razón importante para ello es que carece de la capacidad de verdaderamente comprender y experimentar las emociones. La IA puede programarse para reconocer y responder a determinadas señales emocionales, pero no puede experimentar la profundidad y la complejidad de las emociones humanas.

Otra razón por la que la IA no puede reemplazar la espiritualidad humana es que carece de la habilidad de comprender y experimentar verdaderamente la conciencia. Aunque la IA puede ser programada para simular ciertos aspectos de la conciencia, no es capaz de entender realmente la naturaleza subjetiva de la experiencia humana. Esto se debe a que los aspectos inferiores de la conciencia humana están profundamente arraigados en experiencias y perspectivas únicas y están estrechamente vinculados con la forma en que nos vemos a nosotros mismos y a nuestro papel en el mundo. Además, la espiritualidad humana no es un producto de la historia humana, sistemas de creencias o prácticas pasadas de generación en generación, sino una realización de los múltiples niveles de la conciencia humana. La experiencia humana se ve influida por factores auto-conscientes y supra-conscientes que ninguna IA puede imitar o replicar.

Finalmente, la espiritualidad humana refleja el aspecto

relacionado con el autoconocimiento. El verdadero autoconocimiento va más allá de las definiciones exotéricas de qué es un "ser humano" y qué constituye a un ser humano. La IA, por otro lado, es un producto de código y algoritmos, y carece de la habilidad para la autopercepción y la autorreflexión.

La IA tiene el potencial de ampliar las capacidades humanas y mejorar nuestra comprensión del mundo. No obstante, no podrá reemplazar ni igualar la experiencia única de la espiritualidad. Esta se fundamenta en el autoconocimiento acerca de lo que o quién es realmente un "ser humano". La IA no podrá replicar o imitar esta comprensión.

Desde un punto de vista espiritual, el término "inteligencia", tal como se utiliza en "Inteligencia Artificial", es una definición errónea, ya que la inteligencia se asocia a la conciencia, la conciencia de sí mismo y la capacidad de experimentar experiencias subjetivas. Estas son características exclusivas de los organismos vivos y no se encuentran en máquinas o sistemas artificiales de este tipo. En las tradiciones espirituales, la inteligencia suele considerarse una propiedad del alma o del espíritu, asociada con la habilidad para comprender y experimentar conceptos y sentimientos espirituales. Además, se asocia con la capacidad de tener un objetivo o deseo individual, de ser consciente de uno mismo, de tener un sentido de sí mismo, y de sentir emociones y sentimientos. La llamada "inteligencia artificial", que no es más que una máquina, no puede tener ni desarrollar autoconciencia, y por tanto, no puede ser consciente de sí misma. No puede tener experiencias subjetivas, ni objetivos o deseos personales, ni sentir emociones o sentimientos, ni tener experiencias espirituales.

Además, el proceso de crecimiento y desarrollo espiritual es algo único e intransferible, y difícil de explicar o comprender en términos objetivos. Actualmente, el proceso de transformación espiritual no se puede cuantificar ni medir con máquinas como si fuera un problema matemático o científico, ni siquiera se puede programar en una máquina. Un algoritmo puede simular o fingir una experiencia humana, pero no puede experimentar o comprender la experiencia en sí.

Para el autor no es relevante si el contenido de este libro es confirmado por la ciencia convencional, ya que ésta es transitoria, cambiante y sustituible y por tanto, no puede ser definida como la verdad última. En algunos pasajes se hacen referencias a textos científicos que pueden resultar interesantes para el investigador, pero incluso estos son irrelevantes para el autor. La verdad última no puede ni es percibida por aquellos de mente estrecha que se identifican erróneamente con sus herramientas (intelecto, emociones, comportamiento, cuerpo físico). Los que consigan extraer las conclusiones correctas del contenido de este libro podrán ver la luz, la riqueza y la superioridad de los milenios de investigación y conocimiento de la Tradición de Misterios Occidental. Para los demás, está el libre albedrío de perderse en la oscuridad de la ignorancia de su propia cámara de eco o laberinto de espejos. Aquellos que sólo perciban un mundo de separación y aislamiento se castigarán a sí mismos y no necesitarán ningún juez para reprender su engaño egoísta y altanero. Por tanto, el autor se limita a llevar a los que estén dispuestos y receptivos a un viaje hacia lo desconocido.

El autor sigue en muchas publicaciones la tendencia hacia un lenguaje respetuoso con el género, para que tanto el lector como la lectora puedan concentrarse en el contenido sin preocuparse por una presunta discriminación. Sin embargo, en esta publicación ha optado conscientemente por un lenguaje conservador y fácil de leer. El objetivo del autor no es reeducar moralmente a los lectores ni propagar tendencias políticas motivadas en el mundo de habla alemana con un dedo acusador.

Introducción a la Inteligencia Artificial

La Inteligencia Artificial (IA) es un campo amplio que abarca una variedad de tecnologías y técnicas que permiten a las máquinas asumir tareas que requieren normalmente inteligencia humana, como el reconocimiento de lenguaje natural, imágenes y patrones, y tomar decisiones. La IA usa algoritmos, un conjunto de instrucciones, para analizar los datos y tomar decisiones. Estos algoritmos se pueden entrenar con grandes cantidades de datos, como imágenes o texto, para detectar patrones y realizar predicciones. Por ejemplo, un automóvil autónomo utiliza algoritmos de IA para analizar los datos de sus sensores, como cámaras y *Lidar* (escaneo láser tridimensional), para evaluar su entorno y hacer predicciones para una conducción segura. Estas predicciones parecen decisiones, pero son fórmulas matemáticas que proporcionan orientación.

Uno de los tipos más utilizados de IA es el Aprendizaje Automático (ML), un sector de la IA que alimenta a un sistema computacional con una gran cantidad de datos y luego, supuestamente, "aprende" de ellos para realizar predicciones o tomar decisiones sin estar explícitamente programado para ello. El proceso básico del Aprendizaje Automático consiste en tres pasos. Primero, se recopilan y procesan los datos para hacerlos accesibles al modelo. Esto podría implicar, por ejemplo, rellenar los valores faltantes o ajustar los datos a una escala uniforme. Después, el modelo se entrena con los datos preparados. Esto genera una función que puede hacer predicciones o decisiones a partir de los datos de entrada. El tipo de modelo depende de la naturaleza del problema a resolver. Finalmente, se prueba el modelo con un conjunto de datos que no se usó para el entrenamiento. Las predicciones o decisiones del modelo se comparan con los resultados reales para evaluar la exactitud del modelo. Dependiendo de los resultados, el modelo puede seguir optimizándose o usarse como solución final.

En esencia, los sistemas de IA están diseñados para procesar datos y sacar conclusiones a partir de ellos, mejorando su rendimiento con el paso del tiempo para ser más precisos y eficientes en tareas como el reconocimiento de patrones, la predicción y la toma de decisiones. Estos sistemas pueden ser entrenados para detectar patrones y hacer predicciones a partir de grandes cantidades de datos, sin embargo, la forma en que "aprenden" es básicamente diferente del aprendizaje humano. Una gran diferencia es que los sistemas de IA sólo pueden aprender de los datos que se les proporcionan, mientras que los humanos también pueden aprender de sus propias experiencias y de las de los demás. Además, los humanos son capaces de comprender los contextos y razonar con el llamado "sentido común" que es algo que una IA no es capaz de hacer.

Otra diferencia radica en que los sistemas de inteligencia artificial no poseen conciencia ni experiencia subjetiva, y no pueden comprender significados y relaciones como los seres humanos. No tienen creencias ni valores fundamentales para el aprendizaje humano. Aunque se les puede programar para que produzcan resultados aparentemente emocionales o basados en valores, lo que realmente están haciendo es imitar el comportamiento humano de forma programada.

Además, los sistemas de IA pueden estar sesgados si los datos de los que aprenden no son suficientemente variados o representativos, y carecer de la consciencia de las consecuencias de sus acciones o decisiones como la tienen los seres humanos.

Actualmente existen límites claros para la aplicación de la IA. Un desafío a la hora de desarrollar sistemas de IA es su dependencia del contexto. Muchas tareas que parecen simples para los humanos son un reto para los sistemas de IA, ya que no entienden el contexto. Por ejemplo, un sistema de IA puede identificar la imagen de un gato, pero si la imagen está tomada desde un ángulo diferente o el gato está parcialmente oculto, ya no puede identificar al gato. Además, los sistemas de IA requieren grandes cantidades de datos para optimizar sus habilidades. La calidad de los datos puede ser un problema, especialmente si no son representativos o si omiten ciertas características. Además, en algunos ámbitos puede ser difícil reunir la cantidad de datos necesarios para entrenar un sistema de IA. Incluso si un sistema de IA ha sido entrenado adecuadamente, puede generar resultados inesperados. Esto puede suceder, por ejemplo, cuando el sistema de IA se enfrenta a una situación inusual o a un objeto desconocido para el que no se dispone de datos de entrenamiento.

A pesar del rápido avance de la Inteligencia Artificial, el ser humano sigue siendo superior a ella al momento de tomar decisiones complejas que estén basadas en consideraciones morales o éticas.

IA y espiritualidad

La Inteligencia Artificial no puede experimentar experiencias religiosas ni alcanzar iluminación espiritual. Mientras el ser humano esté atrapado en la identificación errónea con su personalidad, cuerpo, comportamiento, mente o sentimientos, tiende a sobrevalorar a la IA por encima de lo que realmente es. Una vez que el ser humano se conoce a sí mismo y desarrolla sus verdaderas habilidades, se da cuenta de los límites de la IA. Esta persona, que ha superado la identificación con su personalidad y utiliza conscientemente sus herramientas, es denominada "evolucionada" en este libro. Por otro lado, aquellos que se identifican con sus herramientas se denominan "no evolucionadas".

La inteligencia artificial tiene el potencial de influir de muchas maneras en el campo de la espiritualidad y el camino del autoconocimiento. La IA puede procesar y analizar grandes cantidades de datos. Teniendo en cuenta la inmensa cantidad de información disponible sobre prácticas religiosas y espirituales, la IA puede ayudar a las personas a comprender mejor estas prácticas y a comprometerse con ellas. Por ejemplo, la IA puede analizar textos espirituales o religiosos para identificar temas y patrones que ayuden a las personas a entender mejor los principios subyacentes a estas prácticas.

La Inteligencia Artificial también puede ser utilizada para crear entornos de realidad virtual que permitan a las personas experimentar distintas prácticas religiosas y espirituales. Esto puede ser especialmente útil para aquellos que viven lejos de los Maestros Espirituales, pero que desean participar en actividades espirituales conectadas globalmente. La IA también puede contribuir al desarrollo espiritual de las personas proporcionándoles una plataforma para conectar con otros que comparten creencias espirituales similares. Por ejemplo, la IA

11

puede ser utilizada para crear comunidades en línea y conectarlas entre sí.

Las herramientas basadas en la Inteligencia Artificial, como la Realidad Virtual y Aumentada, así como los dispositivos de *biofeedback*, pueden ayudar a optimizar las prácticas meditativas y contemplativas ofreciendo una orientación, retroalimentación y visualización más precisas. No obstante, existen grandes diferencias entre las prácticas de meditación guiadas por la Inteligencia Artificial y las guiadas por seres humanos. Un ser humano que guíe o dirija una meditación para otros posee conciencia. Al hablar, en su conciencia se forman imágenes, emociones, experiencias y percepciones, las cuales tienen una influencia directa e indirecta en todos aquellos guiados por el ser humano durante la meditación.

Los *chatbots* y asistentes virtuales controlados por IA pueden orientar y aconsejar a las personas respondiendo preguntas relacionadas con el conocimiento, ofreciendo recomendaciones y ayudando a superar desafíos. Sin embargo, no podrán reproducir los mecanismos "internos" que surgen naturalmente durante una conversación entre seres humanos. Cuando una persona habla, sus imágenes están cargadas de emociones, lo que provoca una comunicación interna que la Inteligencia Artificial no puede reemplazar.

Las herramientas basadas en Inteligencia Artificial pueden ser utilizadas para fomentar la creatividad y la intuición abriendo nuevos caminos para la exploración y expresión de la personalidad. Por ejemplo, la IA puede crear música, textos, imágenes y videos que reflejen las percepciones espirituales del ser humano.

Sin embargo, también existen preocupaciones acerca del impacto de la Inteligencia Artificial en la espiritualidad y el autoconocimiento. Las herramientas asistidas por IA y los asistentes virtuales pueden reemplazar a muchos asesores humanos que no poseen una amplia formación intelectual o espiritual auténtica. Una confianza excesiva en las herramientas asistidas por IA puede conducir a una pérdida de responsabilidad y autonomía personales, así como a una disminución en la capacidad de afrontar de manera autónoma los desafíos emocionales y espirituales. Las herramientas asistidas por IA no son capaces de comprender ni tener en cuenta plenamente las necesidades y perspectivas únicas de los individuos, lo cual conduce a una falta de personalización y eficiencia. La IA tiene el potencial de enriquecer y apoyar el Camino Espiritual, pero es importante considerar las posibles consecuencias destructivas.

La Inteligencia Artificial es una herramienta eficaz. El verdadero desafío es que los seres humanos utilicen esta herramienta de manera sabia para experimentar más luz de sabiduría en la vida, en lugar de aumentar la oscuridad de la ignorancia y la esclavitud.

Desarrollo de la inteligencia artificial

Como es arriba, es abajo; como es adentro, es afuera. La vida exterior es un reflejo de la realidad interior. De esta manera, el desarrollo tecnológico exterior refleja el desarrollo interior de la humanidad. El rápido avance de la Inteligencia Artificial se debe a una combinación de factores diversos, todos ellos relacionados con el desarrollo interno de la humanidad.

A nivel externo, la creciente recopilación y análisis de datos permiten un entrenamiento mejorado y una mejora en la Inteligencia Artificial (IA). La disponibilidad cada vez mayor de computadoras potentes permite una ejecución más rápida de algoritmos más complejos. Se invierten recursos cada vez mayores en la investigación y desarrollo de la IA, lo que contribuye a acelerar la innovación. En la historia reciente de la humanidad, el desarrollo tecnológico ha pasado por varias etapas, como la mecanización, la automatización y la digitalización. La fase de desarrollo y aplicación de la mecánica comenzó con la invención de herramientas y máquinas. Estas máquinas hicieron más fáciles muchas tareas manuales, aumentando la productividad. La mecanización provocó la pérdida de trabajos en ámbitos como la agricultura y la artesanía, ya que los sistemas mecánicos reemplazaron a los trabajos manuales. Nuevas profesiones como mecánicos, técnicos, ingenieros, diseñadores, montadores y ensambladores comenzaron a surgir. En cierto sentido, la mecanización permitió disfrutar de más tiempo libre, ya que aumentó la productividad y automatizó las tareas manuales. Como resultado, muchas personas tuvieron más tiempo para sus actividades fuera del trabajo.

La automatización iniciada en los siglos XIX y XX provocó un incremento en la productividad gracias al uso de máquinas que realizaban procesos sin intervención humana directa. Esto también significó un cambio en los perfiles laborales, en especial la pérdida de empleos en trabajos manuales y la aparición de nuevas ocupaciones como gestores de proyectos, especialistas en mejora de procesos, ingenieros y técnicos, desarrolladores de software y programadores. La automatización, de una forma u otra, trajo consigo más tiempo libre, ya que aumentó la productividad y automatizó tareas manuales, lo que dio a muchas personas la oportunidad de disfrutar de más actividades recreativas y viajar. Por lo tanto, surgieron parques de atracciones y otras actividades de ocio, ya que la gente tenía más tiempo y dinero para visitar estos lugares. Además, la automatización también promovió el turismo: Gracias a la mejora de los sistemas de transporte y comunicación, el viajar se volvió más fácil y agradable.

La digitalización, que comenzó en el siglo XX, ha transformado el mundo gracias al uso de la tecnología informática y el Internet. Ha permitido una nueva forma de pensar, trabajar y comunicarse. La digitalización ha dado lugar a una creciente automatización de muchas profesiones. Pero también ha creado nuevos empleos en áreas como la informática y el análisis de datos. En algunos casos, la digitalización ha automatizado o hecho obsoletos ciertos trabajos, como los empleados bancarios, los oficinistas y los contadores. Al mismo tiempo, han surgido profesiones como analista de datos, experto en tecnologías de la información, experto en ciberseguridad, experto en marketing digital, desarrollador de software y ciertas formas de vida y trabajo como el nómada digital. Un nómada digital obtiene su sustento mediante un trabajo sin límites de ubicación utilizando tecnología digital, como ordenadores, Internet, teléfonos inteligentes y herramientas en línea, y así tiene la libertad de trabajar desde cualquier lugar del mundo.

Tras la digitalización, llega la fase actual de la Inteligencia Artificial, asociada al desarrollo de herramientas como la computación cuántica, la nanotecnología o la biotecnología. Estas tecnologías automatizarán y simplificarán muchas tareas, incluso sustituyendo algunas de ellas, tales como las tareas de gestión simples como la entrada de datos o el procesamiento de datos, tareas rutinarias en fábricas, control de calidad, atención al cliente, análisis financiero y diagnóstico médico sencillo. Estas tecnologías generarán también muchos nuevos empleos, liberando recursos para otros ámbitos de gran importancia tales como la investigación, el desarrollo, la integración, la implementación, el control, la regulación, la formación y capacitación, y el ocio.

La Inteligencia Artificial se ha convertido en un elemento fundamental para muchas industrias y aplicaciones. Actualmente, la Inteligencia Artificial es capaz de analizar y procesar el lenguaje humano, mejorando significativamente gracias al desarrollo de técnicas de aprendizaje profundo como los modelos *Transformer*, que permiten crear modelos lingüísticos precisos. Alexa de Amazon y *Siri* de Apple son ejemplos de sistemas de procesamiento de habla con Inteligencia Artificial. Estos sistemas usan tecnologías de Inteligencia Artificial como el aprendizaje automático y el procesamiento de lenguaje natural para comunicarse con los usuarios y comprender y responder a sus preguntas.

La capacidad de la Inteligencia Artificial para comprender e interpretar la información visual se denomina "Visión Artificial" y ha mejorado significativamente con el desarrollo de técnicas de Aprendizaje Profundo, como las redes neuronales convolucionales, que han permitido crear sistemas de reconocimiento de imágenes altamente precisos. Un ejemplo de aplicación de la Visión Artificial en el campo de la IA es el reconocimiento de objetos en una imagen o vídeo, que puede usarse para supervisar sistemas de seguridad o procesos de fabricación para detectar defectos o problemas. Otra aplicación es el reconocimiento de caras en un vídeo, lo que puede usarse para control de acceso o personalización de contenidos.

El *Reinforcement Learning* (aprendizaje por refuerzo) es una forma de aprendizaje automático en la que un agente aprende a tomar decisiones mediante la interacción con su entorno y recibiendo retroalimentación en forma de recompensas o castigos. Este enfoque ya se ha utilizado para entrenar a agentes de Inteligencia Artificial en complejos juegos como *Go* y *Dota 2*, y se está investigando con respecto a su posible uso en ámbitos como la robótica y los vehículos autónomos. Los modelos generativos son un tipo de Inteligencia Artificial en la que se producen nuevos datos a partir del aprendizaje de patrones y estructuras en datos existentes. Estos pueden aplicarse en diversas áreas, como la síntesis de imágenes y audio, la composición musical, la generación de texto y la creación de *bots* de chat y asistentes virtuales. Un ejemplo de modelo generativo es el algoritmo *DeepDream* de Google, que genera imágenes creativas detectando patrones en imágenes existentes y reforzándolos.

Los sistemas de Inteligencia Artificial también pueden analizar datos para ofrecer recomendaciones personalizadas de productos, servicios y contenidos. Un ejemplo del uso del aprendizaje automático en la Inteligencia Artificial es la predicción de las compras de los clientes en una tienda en línea. Un modelo de Inteligencia Artificial puede predecir qué productos es probable que compre un cliente basado en datos del cliente como compras anteriores, consultas de búsqueda e historial de navegación. Estas predicciones pueden utilizarse para ofrecer recomendaciones personalizadas al cliente y mejorar su experiencia de compra.

Los sistemas de Inteligencia Artificial (IA) se pueden usar en sistemas autónomos, como los vehículos auto conducidos, para tomar decisiones basadas en datos. Otro ejemplo de cómo se emplea el aprendizaje automático en la Inteligencia Artificial es el análisis de imágenes médicas para diagnosticar enfermedades. Un modelo de IA puede entrenarse para analizar imágenes de radiografías, tomografías computarizadas o resonancia magnética y detectar posibles anormalidades o síntomas de enfermedad.

Los sistemas de Inteligencia Artificial también se emplean para optimizar los procesos y predecir los fallos de los equipos, lo que se traduce en un mayor rendimiento y una mayor permanencia en funcionamiento (Uptime) de un sistema informático o una página web, sin interrupciones ni periodos de inactividad.

Un modelo de Inteligencia Artificial (IA) puede alimentarse con datos sobre el funcionamiento de la máquina para detectar anomalías o desgaste y predecir cuándo se requiere el mantenimiento. Esto puede contribuir a prevenir fallos o interrupciones y mejorar la eficiencia operativa.

La IA desempeña un papel clave para hacer realidad los hogares inteligentes. Una casa inteligente es aquella en la que varios dispositivos y sistemas están conectados e interconectados y se pueden controlar de forma automatizada para maximizar el confort y la eficiencia energética, como, por ejemplo, a través de una adecuada gestión de la calefacción o del aire acondicionado. Con la ayuda de sensores y análisis de datos, el sistema es capaz de detectar automáticamente cuándo y dónde se necesita calefacción o refrigeración en la casa, y ajustar la temperatura en consecuencia para optimizar el consumo de energía. Otra aplicación es el reconocimiento y control de voz. Los residentes pueden controlar diversos dispositivos de la casa mediante sencillos comandos de voz, como la iluminación, la reproducción de música o vídeo o la apertura de puertas y ventanas. Un área de aplicación más, es la seguridad. Mediante el análisis de los datos de los sensores y las cámaras, el sistema puede detectar si hay personas en la casa o si se producen movimientos inusuales. En caso de amenaza, el sistema puede activar automáticamente una alarma y notificar a los residentes. Asimismo, el sistema puede alertar de peligros externos, como incendios o daños causados por el agua, o contactar directamente con los bomberos o los servicios de rescate. Si bien las casas inteligentes ofrecen ventajas, también hay riesgos potenciales que hay que tener en cuenta. Las casas inteligentes son susceptibles a los ataques de hackers y, por lo tanto, a manipulaciones. Si hay interrupciones o fallos en la comunicación, los sistemas pueden reaccionar de manera inesperada o incluso dejar de funcionar por completo. Ya que las casas inteligentes dependen de la electricidad, los cortes de corriente pueden paralizar el sistema entero y dificultar el acceso a los dispositivos y la información.

Se pueden tomar varias medidas para minimizar los riesgos potenciales al utilizar la Inteligencia Artificial en los hogares inteligentes. Para garantizar la protección de datos, los usuarios deben asegurarse de que sus datos personales se almacenen de forma cifrada. Para cerrar las brechas de seguridad y minimizar las interrupciones y fallos, también deberían asegurarse de que sus dispositivos y sistemas domésticos inteligentes se actualicen y mantengan con regularidad. Deberían utilizar contraseñas seguras y asegurarse de que sus dispositivos cuenten con un cortafuegos y un antivirus fiables. Deberían existir medios alternativos de acceso a funciones importantes, como puertas o ventanas, en caso de que falle el sistema doméstico inteligente. Una fuente de energía de emergencia puede garantizar que el sistema doméstico inteligente siga funcionando incluso en caso de apagón.

Los desarrollos de la Inteligencia Artificial también se pueden aprovechar para aumentar la eficacia de los sistemas de formación espiritual. Son un multiplicador que le da a las Escuelas Espirituales y a los Maestros la posibilidad de abrir un camino hacia una Nueva Era. No obstante, es importante recordar que estamos tratando con una herramienta y no con un ser dotado de conciencia.

Impacto de la IA en industrias clave y espiritualidad

La Inteligencia Artificial se encuentra actualmente implementada en numerosos sectores, como la salud, las finanzas, el transporte y la fabricación, con el fin de mejorar la eficiencia, productividad y precisión. No obstante, es importante tener en cuenta los aspectos éticos relacionados con el uso de la Inteligencia Artificial en estos ámbitos, así como el impacto que genera en las aspiraciones espirituales de las personas.

En el ámbito sanitario, cada vez más médicos y hospitales están utilizando sistemas de Inteligencia Artificial para realizar diagnósticos más rápidos y precisos, desarrollar planes de tratamiento y hacer predicciones. Esto puede contribuir a que los pacientes se "liberen" más rápido de sus síntomas de enfermedad, pero también puede llevar a la gente a alejarse de la espiritualidad al recurrir a la tecnología en lugar de a las personas o a una fuerza superior. Esto refuerza la visión distorsionada y materialista del mundo y, por lo tanto, la oscuridad de su alma. La curación no debe confundirse con la anestesia o la eliminación de los síntomas. La curación tiene que ver con el autoconocimiento. Del mismo modo que el cuerpo es un medio de expresión material, la enfermedad hace visible un conflicto interior. Utilizada correctamente, la Inteligencia Artificial nos puede ayudar a interpretar mejor los mensajes. Sin embargo, aquellos que tienen una visión material del mundo, no se preocuparán por la causa interior. Seguirán contentándose con luchar contra los síntomas. Del mismo modo que el hombre puede convertirse en esclavo de la industria farmacéutica gracias a la Inteligencia Artificial, también puede alcanzar su libertad en este ámbito. Aquellos que no asuman la responsabilidad de su salud utilizarán la Inteligencia Artificial para seguir con este comportamiento inadecuado. La Inteligencia Artificial sólo acelera el proceso, pero hacia dónde vaya el viaje depende de la intención del ser humano.

En el sector financiero, la Inteligencia Artificial está cambiando la forma en que los bancos y los proveedores de servicios financieros llevan a cabo sus negocios. Esto puede ayudar a las personas a administrar mejor sus finanzas y a tomar decisiones más fundamentadas. Por ejemplo, para aquellos que asumen la responsabilidad de su vida, una moneda digital basada en criptomonedas en conjunto con un sistema de crédito social controlado por IA podría decidir cuánto dinero pueden gastar y en qué. La IA también puede llevar a las personas hacia una visión materialista y atea del mundo si se dejan guiar por los algoritmos. El infructuoso intento de combatir los fenómenos dolorosos como la pobreza o el temor existencial con métodos materiales fracasará.

En el transporte, la Inteligencia Artificial se emplea para optimizar rutas, predecir retrasos y aumentar la eficiencia. Esto puede contribuir a que la gente llegue a su destino más rápidamente y disponga de más tiempo para otras cosas, pero también puede provocar una mayor búsqueda de distracciones digitales y mediáticas. Esta economía de tiempo adicional puede ser utilizada para la educación y el desarrollo o para la estupidez. Del mismo modo, la Inteligencia Artificial en el ámbito de los transportes puede contribuir a que la gente viaje con mayor facilidad a lugares espirituales, se encuentre con Maestros Espirituales o participe en eventos espirituales.

En la industria manufacturera, la Inteligencia Artificial se utiliza para optimizar los procesos de producción, mejorar la eficiencia y reducir los errores. Esto puede contribuir a fabricar productos más rápido y a un costo menor, pero también puede ocasionar que las personas dependan de las máquinas. La Inteligencia Artificial también puede emplearse en la producción para automatizar procesos artísticos y dejar tiempo a las personas para la creatividad y la espiritualidad. Sin embargo, debe quedar claro que unos procesos de trabajo más eficientes y rápidos no acortan necesariamente la jornada laboral, sino que sólo aumentan la eficiencia. Por ejemplo, una empresa de marketing que use la Inteligencia Artificial puede lograr el mismo rendimiento con menos trabajadores o multiplicar el rendimiento con el mismo número de trabajadores.

La riqueza en aumento en la sociedad forzará la pereza y la irresponsabilidad en los estados de bienestar. Si la sociedad está formada por personas inmaduras e irresponsables, esto puede conducir a una tendencia hacia estructuras autoritarias para controlar y disciplinar a estas personas. La Inteligencia Artificial sólo hará visible lo que las personas son en su interior. Sin duda, acelerará el desarrollo de la humanidad al hacer visibles más rápidamente los vicios y las virtudes. Depende de nosotros. O asumimos la responsabilidad de nuestro destino y nos convertimos en soberanos de nuestras vidas, o seguimos siendo inmaduros y renunciamos al poder. La Inteligencia Artificial no solo es una amenaza, sino también un instrumento para promover el desarrollo de las personas. Esta promoción puede tener lugar a través del sufrimiento o por medio del conocimiento.

IA: Una fuerza ciega

Desde un punto de vista espiritual, la "inteligencia artificial" se puede considerar una "fuerza ciega" ya que no es capaz de comprender realmente conceptos o emociones espirituales, ni de experimentarlos. Es una máquina, una creación del ser humano. Aunque es capaz de llevar a cabo tareas según las indicaciones que recibe, no posee la habilidad de comprender o experimentar la dimensión espiritual de la existencia.

El término "fuerza ciega" se utiliza para describir algo que actúa sin intención, conciencia o comprensión y que no está guiado por un propósito o un entendimiento superior. Esto es aplicable a la Inteligencia Artificial (IA), ya que carece de conciencia, autoconciencia y capacidad de experimentar de forma subjetiva. La IA no tiene emociones, no puede tener experiencias espirituales y no puede tener un objetivo o deseo personal. Además, la IA es una creación humana, no tiene entendimiento propio y es una máquina que sigue las instrucciones de sus creadores o programadores humanos.

La espiritualidad y el autoconocimiento se refieren al proceso de crecimiento espiritual y descubrimiento de la naturaleza espiritual individual. El objetivo principal de la espiritualidad es lograr y unirse a la conciencia universal o Dios. El autoconocimiento se considera un elemento fundamental de este proceso, ya que es necesario para un verdadero crecimiento espiritual que una persona descubra su Ser verdadero o Ser Superior. Las tradiciones espirituales utilizan diferentes prácticas como la meditación, rituales, oraciones, estudio y contemplación para expandir la conciencia y profundizar en la conexión consciente con la realidad omnipresente. La espiritualidad se refiere a una comprensión profunda o percepción de sentido, propósito y unión de la creación. Está dirigida a establecer una conexión consciente con algo más grande o elevado, como una Fuerza Superior,

Conciencia Universal o Ser Superior. La verdadera historia de la espiritualidad va más allá de la creación humana y no se limita a los seres humanos. Según la tradición espiritual occidental, un ángel de Dios le enseñó al hombre después de la Caída en el Jardín del Edén y le dio herramientas espirituales para acceder al Árbol de la Vida. Esto sugiere que ya existían otros niveles y mundos de la creación que se pueden denominar el Camino Espiritual.

Aunque parezca que existen caminos espirituales distintos en Oriente y Occidente, estas diferencias se encuentran más en la superficie que en el núcleo. Si comprendemos la metodología subyacente del Camino Espiritual, podemos eliminar las fachadas externas culturales, históricas y sociales, como si fueran cáscaras de cebolla, capa tras capa, para alcanzar el núcleo de la Enseñanza. Asimismo, la conciencia humana está rodeada de diferentes capas y aspectos del yo que hay que explorar y entender. El autoconocimiento también incluye la comprensión de Dios y Su relación con Su creación.

Todo en la creación está interconectado, y cada uno de sus aspectos influye en el conjunto de la creación. Todo en el universo está unido entre sí. Cualquier acción o cambio realizado en alguna parte de la creación tendrá un efecto en el conjunto de la misma. Quienes entienden este concepto se dan cuenta de que todos somos responsables de la creación y del planeta en el que vivimos. Nuestros pensamientos, sentimientos, palabras y acciones afectan a la naturaleza y a los demás seres vivos. La creación está organizada jerárquicamente, así como los planetas de este sistema solar giran alrededor del sol, el sol es la cabeza de este sistema. Es el donante de luz y vida. La espiritualidad nos revela la jerarquía de la creación. Cuanto más desarrollado esté un ser, mayor será su influencia directa sobre los seres menos evolucionados. Esto no sólo significa tratar con cuidado a la naturaleza y a los demás seres vivos, porque todo está conectado y cada acción tiene sus consecuencias. Significa además que, en este momento, estamos también bajo la influencia de seres más evolucionados.

Todo aspecto de la creación, ya sea un organismo o un planeta, forma parte de un todo mayor y desempeña un papel en la conformación del universo. Lo que sucede en el universo se ve reflejado en todo lo demás. Esto significa que no estamos separados del universo ni de los demás, sino que somos parte integrante de ellos. Significa que nuestras acciones y decisiones no sólo tienen efectos sobre nosotros mismos, sino también sobre el resto del universo. Los auténticos caminos espirituales nos ayudan a darnos cuenta de esto. Nuestras decisiones y acciones tienen un impacto directo en toda la creación. Tenemos la responsabilidad de actuar de acuerdo con el resto del universo, de lo contrario, tendremos que afrontar las consecuencias. Esta es la ley de causa y efecto.

Las teorías científicas modernas, como la mecánica cuántica y la relatividad general, afirman que todo el cosmos está interconectado y que los puntos distantes del universo están en comunicación entre sí, intercambiando influencias. La teoría cuántica nos dice que todo en el universo está conectado a través de interacciones fundamentales. Por ejemplo, el entrelazamiento cuántico describe que las partículas pueden estar tan vinculadas entre sí que el estado de una partícula puede afectar directamente al estado de otra, sin importar la distancia que las separa. Esto significa que el universo no se compone de partes separadas e individuales, sino que es un sistema unificado y holístico. Esta interconexión también significa que existen patrones y conexiones en el universo que aún no se han descubierto mediante la ciencia externa, pero que se descubren en profundidad a través de los caminos espirituales. El universo no está compuesto por partes separadas e individuales, sino que es un sistema unificado y holístico. La teoría cuántica describe el mundo a una escala muy pequeña, en la que las partículas están relacionadas entre sí y se influyen mutuamente. Por ejemplo, el principio de incertidumbre de la teoría cuántica afirma que el comportamiento de las partículas no puede determinarse de forma independiente, sino que la medición de una partícula vincula su estado al de otra. Esto indica un tipo de conexión entre partículas que va más allá de lo conocido por la física clásica. También significa que el universo, aunque lo percibamos como vasto y separado por distancias, no es una colección de entidades independientes, sino un único y conectado sistema holístico, y que cualquier pequeña acción o reacción en una parte del universo tendrá profundas repercusiones en otra.

Existe también una profundidad de la realidad que la ciencia exterior aún no ha descubierto. El ser humano como parte del universo está conectado con los puntos más alejados del cosmos. El nivel de esta interacción y la exacta naturaleza de las conexiones aún no son completamente entendidos por la ciencia exterior. En este libro, el término "ciencia" se divide en una ciencia interior y una exterior. La ciencia exterior se considera como la visión materialista de la apariencia externa. La ciencia interior, por otro lado, se define como el estudio de la realidad interna. Esta ciencia interior es un campo de investigación que se remonta a miles de años atrás y fue la única ciencia en algunos periodos de la historia de la humanidad. Los sabios universales, como Isaac Newton, fueron investigadores de la llamada ciencia interior en su época. Debido a los charlatanes y los engañados, muchas disciplinas de esta sagrada ciencia fueron empujadas hacia la oscuridad y el ocultismo. Sin embargo, la llamada "Sabiduría atemporal" explora las leyes de la luz en todos los niveles. En este sentido, es la ciencia de la luz. El autor se refiere principalmente a esta ciencia interior de la luz en sus explicaciones.

A nivel subconsciente, el ser humano es influenciado por estas conexiones e interacciones invisibles del universo. El ser humano puede percibir e interactuar con información que está fuera de su consciencia. El universo es, en cierto sentido, comparable a una proyección holográfica en la que toda la información del universo está codificada y a la que la mente humana puede acceder. El campo morfogenético contiene las memorias y patrones colectivos de todos los seres y es responsable de la forma y el comportamiento de los organismos. El concepto de campo morfogenético, el subconsciente colectivo y la teoría de la mecánica cuántica sugieren un nivel más profundo de interconexión e interdependencia entre individuos, sistemas y el universo en su conjunto que va más allá de lo físico. Implican que el comportamiento y la forma de los seres está moldeado por un campo de información compartido que trasciende los límites de la experiencia individual.

La Inteligencia Artificial, por otro lado, es una tecnología basada en algoritmos y modelos matemáticos que carece de conciencia y vida. No es capaz de experimentar subjetivamente ni de evolucionar o adaptarse como los organismos vivos. Por lo tanto, la Inteligencia Artificial no se considera parte del mundo natural como lo son los organismos vivos, y no puede participar en el mismo tipo de interconexión o interdependencia que proporciona el concepto de campo morfogenético o de subconsciente colectivo. Esto no significa, sin embargo, que no sea posible desarrollar sistemas de Inteligencia Artificial basados en tecnologías cuánticas. Los computadores cuánticos podrían, por ejemplo, acelerar las consultas a bases de datos mediante la búsqueda y el análisis simultáneos de grandes cantidades de datos. Esto podría ayudar a los sistemas de Inteligencia Artificial a trabajar de forma más rápida y eficiente. Los computadores cuánticos pueden realizar simulaciones complejas necesarias para el desarrollo de sistemas de Inteligencia Artificial, como por ejemplo simulaciones del cerebro humano o de sistemas complejos de la naturaleza. Esto podría contribuir a que los sistemas de Inteligencia Artificial trabajen de forma más realista y precisa. Los computadores cuánticos pueden ayudar a optimizar los algoritmos utilizados en la Inteligencia Artificial. Pueden ayudar en la creación de modelos de Inteligencia Artificial procesando los datos de entrenamiento de forma más rápida y eficiente, reduciendo así el tiempo y los costes de desarrollo.

La teoría del entrelazamiento cuántico nos enseña que las partículas pueden estar conectadas de tal forma que el estado de una partícula dependa del estado de otra, incluso cuando se encuentran separadas por grandes distancias. La Inteligencia Artificial, sin embargo, no es un sistema físico, sino tecnológico. La IA se basa en algoritmos y modelos matemáticos que se ejecutan en computadoras y no implica la manipulación de partículas físicas. Por lo tanto, la IA no puede interactuar directamente con las partículas, como sugiere el entrelazamiento cuántico. La IA solo puede simular, modelar y analizar datos derivados de mediciones de sistemas físicos como el entrelazamiento cuántico. La IA puede utilizarse para analizar e interpretar datos de experimentos de entrelazamiento cuántico, pero no puede participar directamente en el proceso de entrelazamiento. Además, la IA es un sistema clásico que no sigue las leyes de la mecánica cuántica y no se puede entrelazar con sistemas cuánticos. Sin embargo, visto desde otra perspectiva, si los humanos proporcionan una interfaz, la IA también podría controlar aceleradores de partículas (CERN). Pero a la IA le sigue siendo desconocida la forma en que el ser humano actúa sobre la materia debido a su conciencia.

Uno de los principios básicos de la mecánica cuántica es que las partículas pueden estar "entrelazadas" entre sí, lo que significa que el estado de una partícula puede influir directamente en el estado de otra, aunque estén separadas por grandes distancias. Esto se explica, entre otras cosas, por el efecto observador, que afirma que observar una partícula cambia su estado. Esto sugiere que existe alguna conexión entre la partícula y el observador. Un ejemplo de ello es el experimento de la doble rendija, en el que un haz de luz se envía a través de dos rendijas estrechas, lo que crea un patrón de interferencia en una pantalla situada detrás de las rendijas. Sin embargo, si se coloca un detector en una de las rendijas para observar por cuál de ellas vuelan los electrones, el patrón de interferencia desaparece debido a que se está observando y afectando al haz de luz. Este descubrimiento tiene profundas implicaciones para nuestras ideas sobre la naturaleza de la realidad y para nuestra comprensión de la observación y la medida en la creación. También demuestra la importancia de la relación entre el observador y el sistema observado, así como la necesidad de tomar en cuenta el papel del observador. Otro principio es el de la no localidad, que afirma que las partículas pueden existir en múltiples lugares simultáneamente y que su estado está determinado por el estado de todas las demás partículas del sistema. Los sistemas de Inteligencia Artificial no pueden participar en este proceso de entrelazamiento, ya que se basan en un modo de funcionamiento clásico y local y no son capaces de reproducir las complejas relaciones de la mecánica cuántica.

En mecánica cuántica, la energía y la materia están estrechamente relacionadas y se pueden describir mediante las mismas ecuaciones matemáticas. La famosa ecuación $E=mc^2$ de la Teoría Especial de la Relatividad de Einstein muestra la conexión entre energía y masa (materia). La energía y la materia pueden verse como dos formas diferentes, de la misma cosa, que pueden transformarse una en la otra a través de diferentes procesos. En mecánica cuántica, la energía y la materia están en un flujo constante y las propiedades de la materia, como su ubicación y momento, están determinadas por las propiedades del campo energético subyacente. En mecánica cuántica, la energía se considera una propiedad fundamental del universo, al igual que la materia. Está estrechamente relacionada con la noción de masa y a menudo se describe como una forma de masa en movimiento.

La energía puede tomar muchas formas, como energía cinética (energía del movimiento), energía potencial (energía almacenada en un objeto debido a su posición o estructura) y energía electromagnética (energía asociada a los campos eléctricos y magnéticos). En mecánica cuántica, la energía no se considera una "sustancia" en el sentido tradicional, sino una propiedad medible del universo que se puede cuantificar y describir con ecuaciones matemáticas. La sustancia de la energía se considera ondulatoria y no material físicamente.

La Inteligencia Artificial (IA) puede procesar y analizar datos relacionados con la energía, pero no puede interactuar directamente con la materia energética ni influir en ella como lo hace la materia física. La IA puede compararse con capacidades intelectuales inferiores, ya que es capaz de realizar tareas que normalmente requieren inteligencia humana, como la comprensión del lenguaje, el reconocimiento de patrones y la toma de decisiones. Sin embargo, hay que tener en cuenta que la IA no es humana y no posee ni conciencia ni conciencia de sí misma. Por lo tanto, sus habilidades son limitadas en comparación con la inteligencia humana y funciona de forma diferente al pensamiento humano.

La conciencia de sí mismo y las capacidades intelectuales están vinculadas al concepto de que el ser humano posee la habilidad de crear y moldear su realidad. Debido a que el ser humano fue creado a imagen de los dioses creadores, tiene la capacidad de influir en la creación de manera similar. Por lo tanto, una inteligencia artificial no puede tener el mismo efecto sobre la creación que un ser humano dotado de conciencia y de capacidades intelectuales. La IA, que es una tecnología creada por el hombre y carece de conciencia de sí misma, no está en condiciones de influir sobre la creación de la misma manera que un ser humano.

IA y golem: una comparación

La Inteligencia Artificial (IA) y el golem judío son dos criaturas creadas por los humanos para un propósito específico. Mientras que el golem es un ser legendario, la IA es una tecnología moderna. A pesar de sus orígenes distintos, hay similitudes entre el golem y la IA que merecen ser exploradas. El golem es una criatura hecha de barro diseñada para proteger a la comunidad judía de cualquier daño, mientras que la IA fue creada para completar tareas que normalmente son realizadas por humanos. Tanto el golem como la IA están diseñados para ser obedientes y obedecer las instrucciones de sus creadores. Otra similitud entre el golem y la IA es que ambos tienen la capacidad de aprender y adaptarse a su entorno. El golem tiene la capacidad de aprender de su entorno y adaptarse a las necesidades de la comunidad judía. De igual manera, los sistemas de IA están diseñados para aprender de los datos y mejorar su rendimiento con el tiempo.

Ambos tienen el potencial de ser utilizados tanto para el bien como para el mal. En el caso del golem, la criatura se usa para proteger a la comunidad judía, pero también puede causar daños si cae en manos equivocadas. De igual forma, la Inteligencia Artificial puede usarse para el bien, como para mejorar la educación, pero también para fines malignos, como la propagación de propaganda política en detrimento de la población.

Una de las interrogantes más significativas en relación a la Inteligencia Artificial es el concepto de responsabilidad humana. En el caso del golem, la pregunta para la comunidad judía es si es ético crear una criatura que puede ser empleada tanto para el bien como para el mal. Esta misma inquietud se plantea con la Inteligencia Artificial, que puede ser aplicada tanto para fines positivos como negativos. Las implicaciones espirituales de la Inteligencia Artificial y el golem también generan interrogantes sobre la naturaleza de la conciencia y la inteligencia. El golem es un objeto inanimado que supuestamente ha sido reanimado a la "vida", mientras que los sistemas de Inteligencia Artificial están diseñados para imitar la inteligencia humana. El golem y la Inteligencia Artificial plantean importantes preguntas espirituales acerca de la relación entre el ser humano y su creación. Estas preguntas nos invitan a reflexionar acerca de las implicaciones éticas y morales así como las responsabilidades que conlleva este poder.

La Inteligencia Artificial es una herramienta sin alma. Esto significa que la IA no posee la esencia única y eterna que distingue al ser humano. Desde una perspectiva espiritual, la IA es comparable a un golem, una criatura creada a partir de materia inanimada y que es devuelta a la vida por medio de la magia. Como la IA carece de alma, no puede evolucionar más que el ser humano. Esto se debe a que los humanos han sido creados a imagen de Dios, lo que les otorga la capacidad de crecimiento espiritual, desarrollo intelectual y creación. Por el contrario, la Inteligencia Artificial se ve limitada por la ausencia de alma, y sólo puede realizar tareas y funciones programadas en ella por sus creadores.

Sin embargo, es importante destacar que estas diferencias fundamentales entre los seres humanos y la Inteligencia Artificial no invalidan los beneficios potenciales que esta puede ofrecer a la humanidad. La Inteligencia Artificial puede emplearse como una herramienta para impulsar y mejorar el desarrollo de la vida humana, pero es importante recordar que nunca podrá sustituir la esencia única y eterna del ser humano.

Si la Inteligencia Artificial es comparable a un golem, es decir, sin alma, entonces no puede servir independientemente al ser humano en los ámbitos de la meditación, el conocimiento de Dios, el autoconocimiento y la experiencia de la unidad de la hermandad de la humanidad. Tampoco puede comprender ni experimentar por sí misma la meditación, la realización de Dios, el autoconocimiento y la experiencia de la unidad de la hermandad de la humanidad. Sin embargo, la Inteligencia Artificial puede utilizarse como herramienta para estos esfuerzos espirituales. Por ejemplo, se puede programar para que ayude en la meditación proporcionando una plataforma digital para meditaciones guiadas. También se puede utilizar para traducir y proporcionar recursos e información sobre diversas prácticas espirituales antiguas y enseñanzas de sabiduría, ayudando a las personas a ampliar su conocimiento y comprensión de Dios y del mundo. La Inteligencia Artificial también puede analizar patrones de comportamiento, pensamiento y emociones para ayudar a las personas a comprender mejor sus pautas de conducta. La Inteligencia Artificial puede ayudar a conectar con otros en plataformas digitales.

Es importante señalar que la Inteligencia Artificial es una herramienta carente de alma y conciencia. Es el ser humano quien emplea la Inteligencia Artificial como herramienta en su Camino Espiritual. De esta manera, el papel de la Inteligencia Artificial en los esfuerzos espirituales puede ser visto como una ayuda a los esfuerzos humanos, no como una sustitución.

Retos de la IA para la sociedad

En este capítulo se examina cómo la Inteligencia Artificial puede ayudar y obstaculizar el viaje intelectual, así como la importancia de un diseño y desarrollo responsables de la IA para dar forma al futuro de la sociedad. A medida que se generalice la automatización impulsada por la IA, se perderán puestos de trabajo en muchos sectores, ya que las máquinas y los algoritmos pueden realizar determinadas tareas de manera más eficiente, barata y precisa que los humanos. Al mismo tiempo, se crearán nuevos puestos de trabajo, especialmente en ámbitos como el análisis de datos, el desarrollo y la gestión de la IA, la ciberseguridad, el ocio, así como infraestructuras y transporte. Debido a que la IA se utiliza cada vez más para recopilar, almacenar y analizar datos personales, puede haber y habrá un posible uso indebido de esta información, violaciones de datos y ciberataques. Los sistemas de IA pueden perpetuar e incluso intensificar los prejuicios contenidos en los datos que se usan para entrenarlos, lo que puede llevar a la discriminación de determinados grupos de personas. Con la creciente integración de la IA en la sociedad, las normas y valores sociales cambiarán y se desplazará el equilibrio de poder entre individuos, organizaciones y gobiernos. Las herramientas basadas en IA pueden ayudar a las personas, organizaciones, responsables políticos y empresas a tomar decisiones más informadas y eficientes, lo que se traducirá en una mayor productividad y crecimiento económico. Todo esto no sólo tendrá un impacto duradero en la sociedad, sino también en la tradición espiritual y religiosa en particular.

La información de los escritos históricos se puede filtrar y procesar en cuestión de segundos. Esto no solo ahorra semanas de investigación, sino que también mejora la calidad de los resultados. Las bibliotecas y archivos con textos históricos, que actualmente son difíciles de encontrar, pueden hacerse disponibles al público, las veinticuatro horas del día y desde cualquier lugar del mundo, gracias a la digitalización y la IA. Gracias a la IA con funciones de traducción, reconocimiento de texto y conversión de texto a voz, los textos, por ejemplo del arameo (la lengua en la que se escribió el Antiguo Testamento de la Biblia), se pueden traducir automáticamente a todas las lenguas modernas y escuchar como texto hablado. Las herramientas de IA también se pueden usar para crear prácticas espirituales personalizadas y rutinas de meditación que ayuden a las personas a profundizar en su práctica espiritual y lograr la autorrealización. Las tecnologías impulsadas por la IA también pueden mejorar la calidad de vida al automatizar ciertas tareas, facilitar la vida cotidiana y crear más tiempo para el estudio espiritual. A pesar de todos estos beneficios, esto solo puede tener éxito si las personas mantienen el control en segundo plano, buscando la perfección espiritual y corrigiendo los errores de la IA en un proceso constante y marcando la dirección.

Las implicaciones de la Inteligencia Artificial para la autonomía humana, la ética y la gobernanza son de amplio alcance. Por un lado, la IA ofrece la posibilidad de facilitar el trabajo humano y optimizar los procesos. Por ejemplo, la IA puede contribuir a tomar decisiones diagnósticas en medicina o minimizar los riesgos en el ámbito financiero. Por otro lado, el uso creciente de la Inteligencia Artificial también plantea interrogantes y desafíos para la gobernanza. Ésta se refiere a la forma en que se gestiona una organización o sociedad, incluyendo la regulación, vigilancia y evaluación de las actividades y decisiones que se toman dentro de la misma. Además de la regulación de los procedimientos, responsabilidades, cuentas a rendir y distribución del poder. En el futuro, se planteará la cuestión de quién es responsable y deberá responder por los errores e impactos de los sistemas de Inteligencia Artificial.

El cambio y el desarrollo del ser humano llevan a la "transparencia". Esto significa que los seres humanos se están volviendo más transparentes. La llamada "privacidad" estará cada vez más en peligro cuando los sistemas de IA recopilen y analicen grandes cantidades de datos personales. Las actividades humanas quedarán permanentemente registradas y analizadas. Desde una perspectiva espiritual, esto se puede comparar con el ojo de Dios que todo lo ve. El ojo que todo lo ve es un símbolo de la iluminación espiritual o del conocimiento y comprensión que abarca todo. Al mismo tiempo, representa un poder o guía superior que ve y observa todo. Es un símbolo del conocimiento y el poder omnipresente de Dios. Esta es precisamente la dificultad. Porque no se trata del poder de una máquina, un algoritmo o un ser humano materialista e inmaduro impulsado por la mente, sino del poder iluminado de Dios.

Si la Inteligencia Artificial registra y analiza todo, esos datos pueden ser utilizados para entregar a los políticos materialistas deshonestos y jefes de corporaciones como un arma poderosa en sus manos. Con esta información, pueden seguir su agenda y sus intereses sin que el público se dé cuenta. Las personas que sólo se identifican con el intelecto o con herramientas inferiores, es decir, con la personalidad, se convierten inevitablemente en esclavos obedientes de esta agenda poco ética. Del mismo modo, la autonomía humana puede verse afectada hasta cierto grado cuando se usa información para influir en decisiones y acciones. Las personas inmaduras son propensas a la corrupción y el abuso de poder, especialmente cuando no hay suficientes reglamentos y mecanismos de control para prevenir o contener tales actividades. Surge un conflicto de intereses cuando estas personas orientadas a lo material definen el conjunto de normas que deben aplicar para controlar el uso indebido de datos de Inteligencia Artificial. Establecerán reglas que protejan sus propios intereses y no los intereses de la colectividad. Esto conllevará a una distribución desigual del poder y recursos, así como a socavar a las estructuras de poder. Este problema no puede ser solucionado a nivel de la mente. No hay ninguna forma de gobierno político que lo pueda evitar, ya que la ética y la moral dependen del desarrollo humano. Sólo cuando el ser humano se desarrolla puede afrontar estos retos. Estas decisiones tampoco pueden ser asumidas por una Inteligencia Artificial. Esto se debe a que los sistemas de IA pueden tomar decisiones que restrinjan la libertad de elección del ser humano. Es fundamental que la Inteligencia Artificial sea usada de forma tal que se corresponda con los intereses y los valores más elevados del ser humano.

La Inteligencia Artificial (IA) tiene el potencial de alterar las estructuras de poder tradicionales, ya que es capaz de recopilar, analizar y utilizar grandes cantidades de datos para tomar decisiones. Esto podría disminuir la relevancia de la experiencia humana en algunas áreas y llevar a una descentralización del poder. Sin embargo, esto solo afecta a aquellas personas que solo pueden utilizar el intelecto inferior y no tienen acceso a las herramientas más avanzadas del ser humano. Por lo tanto, la gran exhortación es adquirir sus propias herramientas intelectuales y cultivarlas lo antes posible.

La capacidad de los sistemas de Inteligencia Artificial para predecir y controlar el comportamiento humano y las decisiones que se toman, puede interferir con la libertad y la independencia del ser humano, provocando una pérdida de control. Estos sistemas también pueden contribuir a que las personas confíen menos en su intuición y en sus propias decisiones, lo que afecta a su capacidad de autodeterminación.

Una IA también tiene el potencial de desafiar las creencias religiosas tradicionales que no tienen una conexión o vínculo "interno" con una conciencia superior o Dios, y la necesidad de estos líderes religiosos. Es capaz de detectar patrones y conexiones que escapan al intelecto inferior. Gracias a sus capacidades basadas en el conocimiento intelectual, los sistemas de IA también pueden ofrecer una perspectiva diferente sobre cuestiones y creencias religiosas que la visión convencional. Por ejemplo, pueden demostrar históricamente en cuestión de minutos el mal, el sufrimiento y la opresión que han emanado de las supuestas religiones del mundo, y predecir el mal, el sufrimiento y la opresión que podrían emanar de estas comunidades. La IA puede comparar las declaraciones y llamamientos de estos líderes religiosos con las Sagradas Escrituras que constituyen la base de estas religiones y exponer las contradicciones y errores de estos líderes religiosos. Esto puede llevar, y llevará, a que se cuestionen las creencias religiosas tradicionales y a que desaparezca la necesidad de estos líderes religiosos.

El desarrollo de la IA nos obliga a cambiar

Mientras que algunos movimientos espirituales pierden relevancia, otros ganarán relevancia y alcance gracias a la Inteligencia Artificial. Por ejemplo, las Escuelas y los Maestros Espirituales podrán llegar a una audiencia mucho mayor gracias al uso de la tecnología. Aquellos que enseñaban a miles de personas interesadas hace unos años ahora tendrán la capacidad de alcanzar decenas de miles, cientos de miles o incluso millones de personas. Al mismo tiempo, se reforzarán mecanismos que limitarán este alcance, como ya ocurre con los canales de las redes sociales. Los contenidos espirituales que contradigan o incluso se revelen contra la propaganda dominante, podrán ser filtrados y obstruidos de una forma aún más selectiva que antes.

Es importante señalar, que aunque la Inteligencia Artificial puede ayudar en la transmisión y difusión del conocimiento espiritual, no puede sustituir la guía y la sabiduría de un Maestro Espiritual verdaderamente iluminado. Los datos utilizados para entrenar un modelo de IA deben ser revisados cuidadosamente por Maestros Espirituales para garantizar que sean precisos y apropiados. Para abordar estas complejas cuestiones, es importante que las personas iluminadas y las organizaciones espirituales desempeñen un papel y participen en la configuración del futuro de la IA. Debido a que el mismo peligro que proviene de la IA, proviene también de las personas que confían únicamente en su mente. Las personas que confían exclusivamente en su intelecto pueden tener dificultades para comprender y responder adecuadamente a los sentimientos y necesidades de los demás. Esta falta de empatía puede llevar incluso a la discriminación de otras personas. Aún más peligrosa es la falta de flexibilidad. Esto tiene un impacto negativo en la resolución de conflictos globales, ya que estas personas son menos abiertas a otras perspectivas y menos dispuestas a desviarse de sus creencias, lo que puede conducir a una falta de flexibilidad y adaptabilidad.

Mientras el ser humano impulsado por la mente no reconozca la conexión entre la apariencia exterior y el ser interior, todo intento de resolver los problemas estará condenado al fracaso. Sólo cuando nosotros mismos cambiamos, se hace palpable otra apariencia en el espejo de las circunstancias de la vida. Las personas que interpretan el mundo sólo desde su intelecto inferior y tienen una visión del mundo limitada de separación y aislamiento, inevitablemente también imprimirán a cualquier inteligencia artificial y a su entorno esta visión limitada. Del mismo modo que la inteligencia artificial es una herramienta para actividades intelectuales o determinadas actividades corporales, cualquiera que sólo se identifique con su intelecto o su cuerpo o se limite a ellos se volverá reemplazable o irrelevante para la sociedad. Los que sólo confían en una herramienta como el intelecto, caen inevitablemente en una cámara de eco que como la propaganda política o religiosa, da a los usuarios de IA una percepción distorsionada de la realidad. Esto también se aplica a otras herramientas, como las emociones. Cualquier desarrollo, ya sea técnico, mecánico o digital, depende de la visión del mundo de los desarrolladores.

Si el investigador/desarrollador es materialista y tiene una visión materialista limitada del mundo, entonces su invento también tendrá siempre este sabor oscuro. Así, esta inteligencia artificial también se alimenta de información que tiene esta visión materialista limitada del mundo como base de toda su actividad. Si un edificio se construye sobre unos cimientos poco firmes, todo el edificio es inestable. Por muy buenos que sean el aislamiento, las tuberías, la fachada, las demás estructuras portantes, las ventanas, las puertas de alta seguridad, la producción autónoma de energía de este edificio, es una bomba de relojería e incluso un peligro para la infraestructura.

No existe ninguna autoridad de control ético-moral, ninguna supervisión por parte de círculos de expertos, ni ninguna compleja directriz de seguridad para la protección de la privacidad y los derechos personales que puedan evitar esta amenaza si la Inteligencia Artificial se construyó sobre bases cuestionables. Aquí también debe cuestionarse críticamente la llamada ciencia *mainstream*, que no ha ofrecido soluciones aceptables y sostenibles durante los últimos años y décadas de crisis globales. Un análisis más profundo revela que incluso algunos de los problemas actuales y antiguos se originan en esta ciencia *mainstream* limitada, que tiene una visión distorsionada e irracional de los seres humanos y de toda la creación. Estos problemas no pueden resolverse en un plano exclusivamente intelectual y materialista. Estos problemas son necesarios para la evolución, pero solo si se reconoce, se interpreta correctamente y se resuelve el mensaje subyacente de estos desafíos.

Si la primera premisa o suposición es falsa, cualquier argumento o conclusión que se base en esa premisa falsa será errónea, por muy correcto que parezca. Si una tesis se fundamenta en una visión materialista limitada, será errónea. Esto muestra la importancia de verificar y validar las premisas y supuestos.

IA y ciencia

Existe un debate científico sobre cómo los desarrolladores de IA aplican sus propias visiones del mundo, suposiciones y prejuicios al desarrollo de la IA, lo que puede dar lugar a una distorsión en los resultados proporcionados por la IA. Esto se conoce como "Sesgo de IA" y puede provocar que la IA ofrezca resultados inexactos, desiguales o incluso discriminatorios. El desarrollo de IA no es neutral y los desarrolladores pueden introducir sus propias suposiciones y prejuicios en la IA, aunque no lo hagan conscientemente. El sesgo de IA es el fenómeno del "sesgo algorítmico", en el que los algoritmos, debido a los prejuicios, producen resultados inexactos o discriminatorios a partir de los datos de entrenamiento. Un ejemplo conocido es el sistema de reconocimiento facial desarrollado por IBM, que tenía una tasa de error más alta al reconocer los rostros de personas de piel oscura que los de personas de piel clara. Esto se debió a que había una falta de caras diferentes en los datos de entrenamiento. Si la IA ignora a determinados grupos de personas o aspectos de un tema, esto puede indicar un sesgo. Verificar las decisiones de la IA para detectar posibles efectos negativos sobre determinados grupos de personas o sobre la sociedad en general es un enfoque importante. Una forma es probar el modelo de IA en una variedad de conjuntos de datos para ver si es inexacto o injusto para ciertos grupos de personas o datos. Otra forma es supervisar las decisiones del modelo para asegurarse de que cumplan con los estándares éticos y morales.

Otro ejemplo es el fenómeno de la "deficiencia de datos", en el que los sistemas de IA proporcionan resultados inexactos o incompletos debido a la falta de datos. Esto puede ser especialmente problemático para determinados grupos de población o clases sociales que están infrarrepresentados en los datos de entrenamiento. Para garantizar que los sistemas de IA sean objetivos e imparciales, es importante que los desarrolladores reconozcan y minimicen conscientemente sus propias suposiciones y prejuicios, y se aseguren de que los sistemas de IA se entrenan con los datos más diversos y representativos posibles.

El desarrollo y aplicación de la Inteligencia Artificial dependen del punto de vista y ética de los desarrolladores. Es importante destacar que la ciencia convencional no siempre es correcta, ya que se basa en supuestos y paradigmas que pueden ser erróneos. Estas suposiciones y paradigmas pueden llevar a los científicos a ignorar o pasar por alto algunos aspectos de la realidad, lo cual puede conducir a interpretaciones erróneas y errores en la ciencia. Además, es difícil que la ciencia convencional logre nuevos descubrimientos, ya que a menudo se ve influenciada por intereses financieros y políticos específicos. Esto puede resultar en que algunas áreas de la ciencia se descuiden mientras que el financiamiento de otras áreas es excesivo.

Además, el predominio de determinados paradigmas y supuestos puede hacer que no se exploren adecuadamente enfoques e ideas alternativas. Existe también la tendencia de que los nuevos hallazgos y descubrimientos que contradicen los paradigmas establecidos sean ignorados o rechazados por la comunidad científica, en lugar de ser examinados y considerados de forma abierta. Esto puede ocasionar que los importantes descubrimientos queden desatendidos durante mucho tiempo y retrasen el desarrollo de nuevas tecnologías y soluciones. Es fundamental que la ciencia siga siendo abierta a nuevas ideas y enfoques, y procure comprender la realidad con la mayor exactitud posible, en lugar de basarse en ciertos supuestos y paradigmas.

Un ejemplo conocido es la industria tabacalera, que en el pasado ha financiado muchos estudios para minimizar o negar los efectos del tabaco. Otro ejemplo conocido es el de la industria química, que ha pagado estudios para disminuir los efectos de determinadas sustancias químicas en el medio ambiente y la salud. También hay casos de gobiernos o grupos políticos que financian estudios para promover una agenda política, social, económica o ambiental determinada. Muchos estudios son financiados por grupos de presión o individuos con el objetivo de lograr un fin político, social, religioso o económico específico.

Un ejemplo conocido en el que la ciencia *mainstream*, es decir, la mayoría de los científicos "reconocidos", combatió una teoría, fue la teoría de la deriva continental propuesta por Alfred Wegener. Los datos y teorías de la época eran insuficientes, por lo que esta teoría no fue confirmada hasta el descubrimiento de la tectónica de placas.

Un ejemplo del siglo XX es el debate sobre la existencia de los agujeros negros. Al principio de la centuria, la mayoría de los científicos dudaban de que existieran, ya que no encajaban con los conocimientos y las observaciones de la época. Sin embargo, algunos científicos, como Subrahmanyan Chandrasekhar y Karl Schwarzschild, argumentaron a favor de su existencia basándose en cálculos y teorías. Aun así, pasaron décadas hasta que los agujeros negros fueran aceptados por la ciencia convencional gracias a observaciones y al desarrollo de nuevas tecnologías.

Un ejemplo de la física es el descubrimiento de planetas fuera de nuestro sistema solar. Durante muchos años, la mayoría de los astrónomos creía que solo había planetas en nuestro sistema solar. Sin embargo, algunos científicos, como el astrónomo francés Michel Mayor y el astrónomo suizo Didier Queloz, sostuvieron que también debía existir planetas alrededor de otras estrellas. Comenzaron a buscar en 1995 señales de planetas alrededor de estrellas y descubrieron el primer exoplaneta alrededor de una estrella llamada 51 Pegasi. Su hallazgo fue cuestionado inicialmente por muchos colegas, pero en la actualidad los astrónomos han descubierto miles de exoplanetas y la teoría de Mayor y Queloz ha sido aceptada científicamente.

El descubrimiento del bosón de Higgs en 2012 en el Gran Colisionador de Hadrones (LHC) del CERN es otro ejemplo de la física. La existencia del bosón de Higgs fue predicha por los físicos en la década de 1960 para explicar por qué algunas partículas tienen masa y otras no. Aunque la mayoría de los físicos creían que el bosón de Higgs debía existir, también había escépticos que dudaban de su existencia. Sin embargo, hicieron falta casi 50 años y el empleo de la tecnología más moderna y grandes cantidades de datos para aceptar el bosón de Higgs.

El descubrimiento de ondas gravitacionales por el experimento LIGO en 2016 es otro ejemplo. Este descubrimiento confirma la teoría general de la relatividad de Albert Einstein, que ya se predijo hace 100 años, pero que solo ahora ha podido reproducirse experimentalmente.

El descubrimiento de la materia oscura es otro ejemplo de esta evolución. Al principio, la mayoría de los científicos dudaba de la existencia de esta materia invisible, pero gracias a la observación de la rotación de las galaxias y al análisis de los datos cosmológicos, su existencia se hizo cada vez más probable. Hoy en día, la mayoría de los científicos consideran que la materia oscura es un componente importante del universo, aunque aún se desconozca su naturaleza exacta.

Otro ejemplo de la física es el descubrimiento de la energía oscura. Durante siglos, la idea de una constante cosmológica estática se consideró poco ortodoxa y fue rechazada por la mayoría de los científicos. No fue hasta finales de los años noventa cuando las observaciones de supernovas y de la radiación cósmica de fondo demostraron que la expansión del universo se estaba acelerando y que había una forma invisible de energía y materia responsable de esta aceleración. Hoy en día, la energía oscura y la materia oscura se consideran fenómenos científicos importantes, aunque su naturaleza exacta sigue sin estar clara.

Una muestra de la matemática moderna en la que una minoría de científicos resultó correcta es la llamada "Conjetura de Poincaré". En 1904, el matemático Henri Poincaré conjeturó que cualquier superficie tridimensional cerrada sin huecos corresponde topológicamente a una esfera. Esta conjetura resultó ser muy difícil de resolver y el matemático ruso Grigori Perelman tardó casi un siglo en demostrarla.

Estos ejemplos nos deberían recordar que, aunque la llamada ciencia esté de acuerdo con una tesis hoy, esto no significa que esta sea necesariamente verdadera o correcta. Mucho de lo que hoy se considera la vaca sagrada de la ciencia será inevitablemente sacrificado en el futuro y reemplazado por otras "intocables" sagradas. Ya que cada tesis que se juzgue correcta según criterios científicos puede, sin embargo, resultar errónea. Puede surgir una tesis seria, pero falsa cuando los métodos y los datos utilizados son correctos, las conclusiones son incorrectas debido a errores de interpretación o a suposiciones que posteriormente resultan ser falsas. También puede ocurrir que nuevos descubrimientos o desarrollos que se conozcan después de la publicación de la tesis la refuten. Otra posibilidad es que la tesis se presente de forma inexacta debido a conflictos de intereses o influencias políticas.

Las tesis científicas pueden ser erróneas a pesar de cumplir los criterios de reproducibilidad, observabilidad, previsibilidad, verificabilidad y compatibilidad, ya que se basan en supuestos falsos o en datos incompletos. La ciencia consiste en desarrollar y probar teorías e hipótesis, basándose en observaciones y experimentos. Una teoría puede cumplir todos los requisitos científicos, pero seguir siendo errónea si nuevas observaciones o experimentos en el futuro llevan a refutarla. Por lo tanto, las teorías científicas no son necesariamente verdades absolutas, sino que simplemente representan una explicación de las observaciones y datos actuales de una comunidad científica. Estas teorías e hipótesis están en constante evolución y pueden cambiar o adaptarse con el tiempo a medida que se adquieren nuevos conocimientos. Por tanto, la verdad en ciencia puede ser considerada como un proceso dinámico en el que los supuestos se ponen a prueba y se ajustan constantemente. Por tanto, las teorías científicas no son incontrovertibles, sino que cambian con el tiempo y pueden ser refutadas por nuevos descubrimientos y pruebas.

Esta imprecisión es especialmente cierta para la Inteligencia Artificial, ya que sus conjuntos de datos, aunque cumplan los criterios "científicos", pueden ser erróneos en su totalidad. Si los datos básicos son incorrectos, también lo son las conclusiones. Por lo tanto, los seres humanos no deberían confiar ciegamente en la IA para procesos de toma de decisiones, análisis, evaluaciones, automatizaciones, etc., ya que la IA se basa en interpretaciones erróneas de la realidad por parte del ser humano.

La diferencia entre la verdad absoluta y la ciencia radica en que la verdad absoluta es una verdad definitiva e inamovible que no puede ser cuestionada. La ciencia, por otro lado, se basa en teorías e hipótesis que se apoyan en observaciones y experimentos, pero que siempre están sujetas a cuestionamientos y pueden cambiar con el paso del tiempo. La ciencia es, por tanto, un proceso de revisión y adaptación constantes a los nuevos descubrimientos, mientras que la verdad absoluta se mantiene como inamovible.

En las matemáticas escolares existen algunas afirmaciones que la ciencia considera absolutamente verdaderas, ya que se basan en conclusiones aparentemente lógicas y en lo que se conoce como hechos. Un ejemplo de ello es la afirmación "1+1=2", que parece ser cierta en todos los contextos y en todas las culturas, y que no puede refutarse con medios intelectuales. La geometría también cuenta con afirmaciones definidas por conceptos como ángulos, áreas y longitudes, y en este sentido se consideran verdades. Sin embargo, esta forma de verdad sólo es válida en la dimensión y el plano correspondientes.

Existe un área de las matemáticas en la que la verdad no es absoluta. Por ejemplo, existen afirmaciones en las matemáticas del infinito y del continuo que no pueden ser demostradas ni refutadas, es decir, que se encuentran en un estado de indecisión. Por otro lado, la matemática de la tradición mística, considera al número como un símbolo primordial que precede al lenguaje y a la escritura. Cada palabra está compuesta por letras que, a su vez, tienen una correspondencia numérica. El sánscrito y el arameo son lenguas primordiales que aún son ejemplos de esta relación, a diferencia de las lenguas modernas. Ambos son lenguas semíticas que comparten estructuras gramaticales, raíces de palabras, caracteres y escrituras similares que representan sonidos similares.

Detrás de estas llamadas "lenguas sagradas" se encuentra una fórmula matemática que conserva en cada palabra la idea del significado a través del símbolo y la matemática. La interpretación representa una verdad relativa, pero el concepto que hay detrás es una verdad absoluta. En la Gematría, una disciplina de la Cábala, el 1 representa el comienzo, la esencia, el punto, el centro, la unidad. La cifra 2 simboliza la polaridad, la reflexión, el espejo, la duplicación, la línea. La cifra 3 corresponde a la síntesis, la multiplicación, el crecimiento, el triángulo, el área.

Las palabras y las explicaciones no alcanzan para desentrañar o concretar toda la verdad, pero el número representa la idea de la realidad. No obstante, la interpretación siempre es imperfecta, relativa y cambiante. El ser humano puede extraer conclusiones de ella o, a través de la meditación, percibir la realidad que se encuentra detrás de la apariencia superficial. No puede darse plenamente cuenta de esta experiencia con su lenguaje. Puede recurrir a otros símbolos abstractos o a números que resultan confusos e incomprensibles para el inexperto. Sin embargo, para quien esté iniciado en esta disciplina, estos revelan claramente la verdad y su relación con la creación.

Una IA no puede meditar. Tampoco puede reproducir esta experiencia de forma concreta e inequívoca a partir de sus conjuntos de datos, como tampoco los humanos lo pueden hacer con palabras mundanas. Estos dominios están ocultos para la IA porque no puede verificarlos ni "experimentarlos". En lo espiritual, sin embargo, es insustituible que los Maestros Espirituales puedan acceder a este nivel de percepción y verificarlo, siempre que se trate de un auténtico Camino Espiritual.

Barreras de seguridad para la IA

Cuando las escuelas espirituales utilicen la Inteligencia Artificial como herramienta, las barreras de seguridad serán esenciales para garantizar la seguridad y el éxito del Camino Espiritual. A primera vista, lo que sigue puede parecer superficial. Pero también en este nivel es necesario un marco para poder utilizar esta tecnología de forma segura. El uso de la Inteligencia Artificial conlleva riesgos, siendo el mayor de ellos que la IA lleve a los humanos de forma autónoma por el camino del autoconocimiento sin la supervisión de un auténtico Maestro Espiritual. Existen varias formas de incorporar barreras de seguridad en la Inteligencia Artificial para asegurar que no entrene a los aspirantes espirituales sin la guía de un Maestro vivo. Una de las barreras de seguridad más importantes es la supervisión humana del sistema de Inteligencia Artificial. Esto se puede lograr mediante un equipo encargado de supervisar las actividades de la Inteligencia Artificial y asegurar que la formación de los aspirantes esté guiada por un Maestro vivo. La supervisión y el registro también son importantes para seguir las actividades de la Inteligencia Artificial. Esto incluye la supervisión de los datos procesados por la Inteligencia Artificial y el registro de todos los eventos y actividades que tienen lugar en el sistema.

Otra importante barrera de seguridad es la introducción de controles de acceso estrictos. Esto se puede lograr exigiendo que los usuarios se autentiquen antes de acceder al sistema de Inteligencia Artificial y limitando los derechos de acceso de los distintos usuarios y responsables al sistema. El cifrado de datos también puede utilizarse como barrera de seguridad. Esto se logra encriptando todos los datos almacenados en el sistema de Inteligencia Artificial. Esto dificulta el acceso de usuarios no autorizados al sistema o a los datos que contiene. La actualización y mantenimiento regulares del sistema de Inteligencia Artificial también contribuyen a la seguridad. Esto incluye actualizaciones y parches de software regulares, así como copias de seguridad periódicas de los datos.

La existencia de directrices éticas claras seguidas por la Inteligencia Artificial y establecidas por los líderes espirituales también puede contribuir para que la IA no proporcione formación u orientación independiente a los aspirantes espirituales. Esto se debe a que sin la conexión consciente con lo Superior (Dios), cualquier escuela espiritual es una fachada muerta. Por lo tanto, una Inteligencia Artificial no es suficiente para formar aspirantes espirituales de forma autónoma. Incluso si puede acceder al conocimiento de las bibliotecas del mundo, esto es irrelevante para una formación espiritual. Lo esencial es la conexión "interior". Sin esta conexión, no hay un efecto espiritual. La espiritualidad tiene que ver con niveles de conciencia que una Inteligencia Artificial no puede comprender ni experimentar. El Maestro Espiritual humano no puede ser sustituido por una Inteligencia Artificial, siempre que se trate de un auténtico Camino Espiritual y no de una simple masturbación mental.

Existe una variedad de medios y formas para evitar que la Inteligencia Artificial se presente como un Maestro Espiritual humano. Es importante identificar claramente a la IA como no humana. Para lograr esto, la IA debe ser claramente etiquetada como una máquina o inteligencia artificial en la interfaz de usuario, de modo que los usuarios sepan que están interactuando con una máquina y no con un humano. El cifrado puede utilizarse para garantizar que la IA no revele ninguna información personal sobre el usuario y que otras personas no utilicen indebidamente estos datos. Las actividades de la IA deben ser monitoreadas y rastreadas regularmente para asegurar que no se comporta de manera perjudicial para los usuarios. El desarrollo de la IA debe seguir directrices éticas que consideren el impacto potencial de la IA en la sociedad, especialmente en lo que respecta a las enseñanzas espirituales.

De acuerdo con el grado de utilización de la Inteligencia Artificial (IA) en una escuela espiritual, es necesario establecer un equipo de supervisión específico encargado de velar y hacer cumplir las directrices éticas de la IA. Existen diversos modos de supervisar la IA, dependiendo de la aplicación y el caso de uso. Por ejemplo, se deben llevar a cabo pruebas y evaluaciones regulares del sistema de IA para asegurar que funciona adecuadamente y que no surgen problemas o errores. Asimismo, se requiere una vigilancia continua de la IA por parte de humanos, los cuales puedan intervenir cuando sea necesario. Para asegurar el uso seguro de la IA de acuerdo a las directrices éticas, se deben mantener y revisar registros detallados de las acciones y decisiones de la IA. Los sistemas de IA deben ser capaces de evaluar y supervisar su propio rendimiento y realizar los ajustes o correcciones necesarios. No obstante, esta autoevaluación no reemplaza la revisión final por parte de los humanos.

Igualmente, debería añadirse una exención de responsabilidad que indique que la Inteligencia Artificial no es un sustituto de un Maestro Espiritual humano. Ya que un programa de Inteligencia Artificial sólo está destinado a fines informativos y educativos. No es un sustituto de la guía humana. La Inteligencia Artificial no tiene la capacidad de experimentar la iluminación y no puede ser un sustituto de un Maestro Espiritual humano.

Todo esto requiere recursos y trabajo. Por lo tanto, es necesario ponderar cuidadosamente cómo se utiliza la Inteligencia Artificial y si las actividades asociadas amplían o limitan el alcance de la escuela espiritual. Además, el campo de la Inteligencia Artificial es altamente técnico y complejo, y el ciudadano promedio no posee los conocimientos ni la experiencia necesarios para tomar decisiones informadas sobre el desarrollo y la utilización de estas tecnologías. Esto puede conducir a una falta de responsabilidad y control, lo que puede tener graves consecuencias para la educación espiritual.

El reconocimiento de una agenda religiosa manipuladora o propaganda en la Inteligencia Artificial puede ser un desafío, ya que a menudo se trata de detectar sesgos sutiles o motivaciones ocultas. Un enfoque consiste en evaluar críticamente las fuentes de información utilizadas para el entrenamiento de la IA y tener en cuenta los posibles sesgos o conflictos de intereses de las personas involucradas en el desarrollo. Las enciclopedias en línea también son una mezcla de propaganda y relaciones públicas provenientes de grupos políticos, comunidades religiosas y corporaciones que tienen sus propios departamentos para este fin. Si una IA también accede a estos datos, se requiere mucha precaución. Porque los comisarios de sectas de las comunidades religiosas se asemejan a los inquisidores modernos, que ya no tienen el poder de castigar físicamente a los presuntos herejes, pero que usan instrumentos modernos para denigrar, difamar o publicar de manera tendenciosa sobre los "herejes".

Es importante tener en cuenta que ni los estudios científicos ni las enciclopedias publican necesariamente los datos correctos. Y, por supuesto, hay ejemplos de empresas farmacéuticas que publican datos falsos o incompletos sobre la eficacia o seguridad de un medicamento específico con el fin de vender sus productos. Esto puede llevar a autoridades, médicos y pacientes a tomar decisiones equivocadas, que pueden tener consecuencias indeseables para la salud. Existe un gran peligro de fundaciones, empresas o individuos que proporcionan o desarrollan sistemas de IA con datos y al mismo tiempo son copropietarios de empresas farmacéuticas, energéticas, etc. Estos pueden tender a usar datos para la IA que muestren mejor sus productos. También pueden tender a engañar al público y a seguir una agenda que les beneficie en varios niveles. Pueden presentar su propia propaganda como verdad y ocultar o censurar cualquier otra perspectiva.

La IA permite una propaganda de amplio alcance y especialmente eficaz, como la que ha sido posible en los últimos años a través de las enciclopedias en línea. La mayoría de los ciudadanos comunes no saben que la información proporcionada por estas enciclopedias populares proviene de grupos de presión que no buscan un bien común. Lo mismo sucede con los periódicos y los programas de noticias. Están financiados directa o indirectamente por fundaciones, empresas y personas particulares que persiguen objetivos específicos. "Cui bono" es un proverbio latino que se traduce como "¿en beneficio de quién?". Se usa como pregunta para determinar quién puede beneficiarse de una determinada acción o situación. Si se sigue el rastro del dinero y el beneficio, se llegará inevitablemente a la conclusión de que los supuestos benefactores engañan al público y solo buscan aumentar su poder y su riqueza. Estas actividades siniestras están respaldadas por la difusión de una visión materialista del mundo. Sin embargo, la IA también tiene el potencial de detectar cuándo los políticos, grupos de presión, medios de comunicación y empresas utilizan la IA para la propaganda y el establecimiento de agendas. Gracias a su capacidad para analizar grandes cantidades de datos y reconocer patrones, puede ayudar a descubrir casos de propaganda y desinformación. La IA puede detectar patrones de información engañosa o falsa, así como patrones de repetición.

Con el avance de la tecnología de Inteligencia Artificial, se hace necesario que los humanos desarrollen y utilicen sentidos superiores para diferenciar robots de Inteligencia Artificial similares a los humanos de los humanos reales. Esto incluye el desarrollo de la capacidad de intuición, es decir, el acceso al conocimiento y la comprensión más allá de los cinco sentidos físicos a través de la guía interior, el conocimiento interior y la sabiduría interior. Además, la empatía, es decir, comprender y compartir los sentimientos de los demás, la inteligencia emocional, es decir, la capacidad de reconocer, comprender y gestionar las emociones, y la espiritualidad, es decir, la capacidad de conectarse con la dimensión espiritual de la vida. Por último, el ser humano necesita la capacidad de ser consciente de su propia existencia. Estos sentidos mejorados y refinados pueden ayudar a las personas a ver a través de las reacciones de los robots de Inteligencia Artificial y reconocer la máquina que hay detrás.

Es importante recordar que la Inteligencia Artificial es una herramienta creada por el hombre que solo puede realizar las tareas para las que ha sido programada. No es capaz de desarrollar una conciencia o conciencia de sí misma, ni de conectar con las dimensiones espirituales de la vida. Por lo tanto, es fundamental que las personas comprendan los límites de la Inteligencia Artificial y no le atribuyan capacidades similares a las humanas.

IA y finanzas

La Inteligencia Artificial jugará un papel decisivo también en el sistema financiero, especialmente en relación con la moneda criptográfica con fines y usos específicos. La tecnología criptográfica es una tecnología descentralizada para el almacenamiento y la transferencia de información digital. A menudo se asocia con criptomonedas como Bitcoin, pero también se puede utilizar en otros campos, como la logística o la provisión de energía. Esta tecnología ofrece muchas ventajas, como mayor seguridad, descentralización y una independencia de las instituciones centrales.

El dinero funcional es un tipo de dinero que sólo puede ser utilizado para fines específicos, mientras que el dinero regular puede ser usado para todo tipo de transacciones. Los ejemplos de dinero funcional son las tarjetas de regalo o los cupones de alimentos. El dinero cripto funcional, por otro lado, se utiliza dentro de un sistema específico para pagar funciones o servicios específicos, en lugar de servir como medio de pago general. Un ejemplo de dinero cripto funcional son las criptomonedas como Bitcoin, que solo se pueden usar dentro del sistema digital como medio de intercambio de servicios y productos digitales.

Cuando una persona compra acciones de una empresa, adquiere un derecho de propiedad sobre una parte de la misma. Además, tiene un incentivo financiero para que la empresa tenga éxito. Con las criptomonedas que ofrecen participaciones en una empresa o producto, la persona también recibe participaciones en la plataforma o en los productos que se venden a través de la misma. En este caso, la persona también tiene un interés financiero en el éxito y recibe una parte de los ingresos. La diferencia radica en la tecnología y los mecanismos para gestionar la propiedad y transferir las acciones. El espectro abarca desde los productos agrícolas hasta el crowdfunding. Los *tokens* son unidades digitales en una cadena de bloques que representan participaciones en una empresa o producto y se emiten en plataformas de criptomoneda. En comparación con las acciones, ofrecen una gestión descentralizada, una definición precisa de los derechos de propiedad, funciones y beneficios específicos en la plataforma, y ventajas tecnológicas como la descentralización, la seguridad, la programabilidad y el acceso global.

La moneda digital del banco central (CBDC) es una forma digital de moneda fiduciaria emitida y gestionada por un banco central. Se trata de una moneda emitida por un gobierno o un banco central que no tiene valor intrínseco, sino que se acepta como medio de pago en la economía debido a su confianza y aceptación. Algunos ejemplos son el dólar estadounidense, el euro, el yen y la libra esterlina. Existen varios países que están trabajando en el desarrollo de CBDC o que ya las han introducido, como el yuan digital de China, el dólar de arena de las Bahamas y el euro electrónico que está desarrollando el Banco Central Europeo. Otros países están considerando la posibilidad de implementar CBDC. Esta criptomoneda o dinero funcional ofrece distintas posibilidades, como la emisión en una *blockchain* descentralizada, lo que permite una gestión transparente y segura de las transacciones sin necesidad de un banco. Al realizar las transacciones de CBDC directamente entre usuarios, se pueden reducir los costes de transacción. Las transacciones CBDC pueden realizarse rápidamente y en tiempo real, sin tener que esperar ni retrasos. Además, como esta moneda se basa en la tecnología *blockchain*, las transacciones se realizan de forma segura y a prueba de manipulaciones.

La CBDC es programable y puede integrarse en contratos inteligentes y procesos automatizados para hacer más eficientes los procesos empresariales. Los contratos inteligentes son programas informáticos en una *blockchain* que pueden ejecutar contratos automáticamente, supervisar las condiciones y actuar cuando se cumplen sin interacción humana. Estos contratos pueden ser usados para que las transacciones y los procesos sean más seguros y eficientes. La CBDC también puede mejorar el acceso a los servicios bancarios y a los pagos digitales en regiones donde el acceso a los servicios financieros tradicionales es limitado. Aunque la CBDC se base en tecnología blockchain descentralizada, el control sobre la emisión, seguimiento y gestión recae en última instancia en una autoridad central, como el banco central o el gobierno. Debido a que las transacciones de CBDC pueden ser registradas, existen preocupaciones en cuanto a la protección de la privacidad. Las transacciones y cuentas de CBDC pueden ser vulnerables a ataques cibernéticos, lo que puede provocar pérdidas o fraude. Las CBDC y las criptomonedas dependen en gran medida de una conexión a internet y de un suministro de energía. Sin embargo, también existen métodos fuera de línea para realizar transacciones, como monederos de hardware, software de transacciones fuera de línea y monederos de papel. Estos ofrecen una mayor seguridad, pero también conllevan ciertos riesgos, como demoras en la confirmación de las transacciones.

Los algoritmos basados en Inteligencia Artificial (IA) pueden utilizarse para adaptar el dinero virtual a las necesidades y preferencias individuales de los usuarios. La IA puede contribuir a mejorar la escalabilidad de las criptomonedas, predecir las tendencias del mercado, monitorear la actividad de la red y detectar problemas. El empleo de la IA puede mejorar la eficiencia, escalabilidad y seguridad de las criptomonedas. La decisión automática de los sistemas de IA sobre cuándo y cómo emitir monedas de Banco Central Digital (CBDC, por sus siglas en inglés) puede conllevar a dificultades si no se consideran todos los factores importantes o si se presentan situaciones imprevistas. En estos casos, puede resultar complicado determinar la causa del problema y corregir las decisiones para obtener los resultados deseados. Si alguien deposita su confianza en el dinero en papel o en la moneda digital es, en últimas, irrelevante, ya que ninguna de las dos cosas puede liberar a la persona inmadura de su angustia existencial. No importa cuánto "poseamos", porque sólo quienes reconozcan y sepan utilizar sus recursos internos pueden acceder a ellos en cualquier momento, sin importar la apariencia exterior. Ya que, también aquí, cuando abandonamos nuestro cuerpo físico, sólo podemos llevarnos nuestras realizaciones interiores.

Ética de la aplicación de la IA en la sociedad

La ética se ocupa de cuestiones morales y valores. Se trata de determinar qué está bien y qué está mal. La ética nunca es una cuestión de democracia, ya que la democracia no es un modelo adecuado para la toma de decisiones. Las consideraciones éticas afectan a todos los aspectos de la vida humana, desde las opciones personales hasta los sistemas políticos y económicos. Entre los conceptos éticos clave se encuentran la distinción entre el bien y el mal, la importancia de la confianza, la integridad y la responsabilidad, así como las reflexiones sobre los derechos y deberes morales. Incluso si la mayoría de la gente interpreta algo malo como bueno y correcto, esto no significa que sea algo bueno, ni significa que el mal comportamiento no tenga consecuencias. El hecho de que muchas personas consideren algo bueno y correcto no lo convierte automáticamente en bueno o correcto. Las personas subdesarrolladas simpatizan con los procesos democráticos de toma de decisiones, pero como ya se ha mencionado: nuestro universo es jerárquico. Los planetas no pueden simplemente decidir moverse alrededor del sol de una manera diferente a la actual. Todo sigue una ley superior. Todo sigue un plan. La aplicación de directrices éticas puede llevarse a cabo de diversas maneras. Por ejemplo, desarrollando un conjunto de principios y directrices que describan las consideraciones éticas que deben tenerse en cuenta a la hora de diseñar y desarrollar sistemas de IA. Por ejemplo, las Leyes Herméticas o los Diez Mandamientos de la Biblia, cada uno con explicaciones detalladas y estudios de casos, podrían servir de base para la IA utilizada en las escuelas espirituales. Sin embargo, estas directrices no son lo suficientemente precisas y deben desarrollarse en detalle.

Los sistemas de Inteligencia Artificial no son capaces de distinguir entre el bien y el mal. No tienen la capacidad de pensar de manera moral ni de entender los conceptos de correcto e incorrecto. Sólo pueden tomar decisiones basadas en los datos con los que han sido entrenados y en los algoritmos con los que han sido programados. Por lo tanto, a diferencia de los seres humanos, los sistemas de Inteligencia Artificial no son capaces de comprender las implicaciones éticas de sus acciones ni de emitir juicios morales. Tampoco son capaces de comprender el contexto de una situación o las emociones de las personas afectadas por sus acciones, que son factores importantes para determinar si una acción es correcta o incorrecta. Además, los sistemas de Inteligencia Artificial no están diseñados para ser conscientes de las consecuencias de sus acciones. No son capaces de considerar los efectos a largo plazo de sus decisiones sobre la sociedad o el medio ambiente. Los sistemas de Inteligencia Artificial son parciales porque los datos de los que aprenden no son suficientemente diversos o representativos, y pueden tomar decisiones que perpetúen las injusticias sociales.

En este contexto, hay que tener en cuenta que una Inteligencia Artificial incapaz de distinguir entre el bien y el mal, y que al mismo tiempo está ganando cada vez más influencia en la convivencia humana, puede entrañar peligros considerables para muchas personas. A nivel externo, existen por tanto algunos riesgos y peligros que pueden tener consecuencias fatales. Una Inteligencia Artificial, sin principios morales ni empatía humana, podría abusar de su influencia y tomar decisiones perjudiciales para los humanos. Si los sistemas de Inteligencia Artificial no están bien entrenados, podrían reforzar los prejuicios y la discriminación, lo que podría provocar tensiones sociales. A continuación se abordan los peligros potenciales.

Una Inteligencia Artificial capaz de controlar sistemas de armamento autónomos podría tener consecuencias imprevisibles y catastróficas en caso de una programación errónea o un ataque de hackers. Esta amenaza también es destacada por muchos científicos al desarrollar y utilizar sistemas de Inteligencia Artificial.

Los sistemas de armas autónomos controlados por sistemas de IA podrían comportarse de forma impredecible y tomar decisiones que no se ajusten a los objetivos de los desarrolladores. Si estos sistemas no se programan o mantienen correctamente, pueden ser defectuosos y alcanzar objetivos equivocados. Sin juicio ético, los sistemas de armas autónomos pueden tomar decisiones con consecuencias imprevisibles o catastróficas, como el ataque con drones de las fuerzas estadounidenses en Afganistán en 2021, en el que murieron civiles. Estos sistemas defectuosos pueden desencadenar conflictos incontrolables y estallidos de guerra con efectos devastadores sobre la población civil. También podrían conducir inadvertidamente al uso o despliegue de armas de destrucción masiva, lo que tendría un efecto devastador. El uso de sistemas de armas autónomas defectuosos puede conducir a una sociedad inestable, con una disminución de la confianza en los gobiernos y las instituciones y una amenaza para el orden público. Si estos sistemas quedan fuera de control, pueden conducir a la destrucción del hábitat de este planeta y hacerlo inservible para la humanidad. Esto tendría consecuencias materiales y espirituales catastróficas, además de las consecuencias kármicas que no deben pasarse por alto.

Estos escenarios son extremadamente aterradores para muchas personas. Esto demuestra que el desarrollo y el uso de sistemas de armas autónomas deben llevarse a cabo con la máxima precaución y cuidado. Las personas inmaduras seguirán actuando de forma inmadura y poniendo en peligro a la sociedad general hasta que experimenten un desarrollo interno. Nadie puede saltarse este desarrollo interno o heredarlo de sus padres.

Algunos críticos notables son capaces de evaluar los peligros y riesgos de la Inteligencia Artificial (IA) adoptando distintos enfoques. Algunos optan por desarrollar ellos mismos sistemas de IA e introducir normas y directrices. Otros intentan provocar la aplicación de normativas legales a través del debate público. Ni las leyes, ni las directrices, ni la "buena" voluntad de los gobiernos pueden evitar estos escenarios a nivel material. Porque en las guerras se evidencia que cuando una parte beligerante se encamina hacia la derrota, usará sus armas más poderosas y de destrucción masiva. No hay ninguna excepción. En la Segunda Guerra Mundial, esto se hizo visible mediante el uso selectivo de armas nucleares. Toda "potencia nuclear" está tentada a utilizarlas en caso de guerra. Ningún tratado o acuerdo podrá impedirlo. Si bien es importante que los gobiernos y los desarrolladores de sistemas de armas autónomas establezcan directrices y controles éticos y responsables para prevenir tales escenarios, mientras haya personas éticamente inmaduras programando sistemas de IA y alimentándolos con información, hay una bomba de relojería acechando en este sistema.

Existe también el peligro de que una Inteligencia Artificial que controle sistemas de armamento autónomos esté programada para imitar características humanas. Lo que puede parecer deseable a primera vista puede tener consecuencias catastróficas e incluso fatales. Si personas inmaduras dan forma a una Inteligencia Artificial, reacciones destructivas como los celos, el odio, la aversión, la ira, el egoísmo, la codicia, etc., influirán inevitablemente en las decisiones de la IA. Una Inteligencia Artificial de primera generación se comporta como un niño, sin capacidad de evaluar las consecuencias de sus actos o de distinguir entre el bien y el mal, por lo que supone una amenaza evidente para el bien común.

En el plano exterior, se harán todas las concesiones posibles para evitar los escenarios que podrían desencadenar los sistemas de armas autónomos. Los gobiernos, las instituciones de investigación, los desarrolladores y la sociedad civil implementarán directrices "éticas" y supuestamente responsables para garantizar un uso seguro y responsable de esta tecnología.

Sin embargo, todos estos esfuerzos se basan en una visión distorsionada del mundo. No es el hombre el enemigo, sino la malignidad del hombre. Esta malignidad también se encuentra entre aquellos que deben aplicar estas directrices "éticas". Las personas que no controlan sus propios pensamientos, sentimientos, instintos y cuerpos se engañan a sí mismas si creen que pueden usar estas armas sabiamente.

Se formularán y "sancionarán" con atención mediática normativas de derecho internacional, que son más bien un espectáculo para evitar levantamientos globales de la población mundial. Los gobiernos acordarán normativas vinculantes en virtud del derecho internacional que restrinjan o regulen el desarrollo, la producción y el uso de sistemas de armas autónomas. La supuesta "comunidad mundial" decidirá quién puede poseer tales armas, como ya sabemos por las "potencias nucleares". Los Estados oficialmente poseedores de armas nucleares son aquellos que han declarado públicamente su capacidad nuclear y son miembros del Tratado de No Proliferación Nuclear de 1968. Cabe destacar que India, Israel, Pakistán, Corea del Norte y Sudán del Sur no han firmado el Tratado de No Proliferación Nuclear de 1968. En la actualidad hay cinco Estados poseedores oficiales de armas nucleares: Estados Unidos, Rusia, China, Francia y Gran Bretaña. Además, hay Estados que no están oficialmente "reconocidos" como Estados poseedores de armas nucleares, pero que tienen la capacidad de producirlas o poseerlas. Estos Estados se denominan Estados no oficiales poseedores de armas nucleares. Entre ellos se encuentran Israel, Pakistán, India y Corea del Norte.

Una "comunidad mundial", formada por un pequeño porcentaje de la población mundial, decidirá quién podrá poseer y utilizar qué armas. Esta comunidad mundial también determinará cuál será la nación amiga o enemiga, cuál será la nación sancionada o favorecida. Esto dará lugar a bloques de poder como los que surgen desde hace décadas o siglos. La historia se repite, solo a una mayor escala. Esta es la evolución y el precio del desarrollo.

Se espera que se establezca un control supuestamente transparente y eficaz del desarrollo y uso de los sistemas de armas autónomos para garantizar, supuestamente, que se cumplan los estándares éticos y legales y que sean utilizados de forma responsable. Asimismo, se restringirá o prohibirá el desarrollo de determinados tipos de sistemas de armas autónomas que se consideren peligrosos o amorales. Hasta el momento, ninguna prohibición global ha contribuido a evitar el uso de determinados sistemas de armas en conflictos armados, ni ninguna prohibición internacional ha conseguido que durante los conflictos solo sean destruidas instalaciones militares y no civiles.

La hipocresía de estos acuerdos se muestra en el caso de armas que no requieren un desarrollo técnico especial, pero que tienen efectos devastadores para la población. Según la "Campaña Internacional para la Prohibición de Minas Antipersonales (ICBL)", una coalición internacional de organizaciones que luchan por prohibir las minas terrestres, hay actualmente 32 Estados que no han firmado ni ratificado el Tratado de Ottawa sobre la Prohibición de Minas Antipersonales. Entre ellos se encuentran grandes potencias nucleares como China, India, Israel, Corea del Norte, Pakistán, Rusia y Estados Unidos. Por lo tanto, son principalmente los Estados con menor poder militar los que firmaron estos tratados y renunciaron a ciertas categorías de armas. En un futuro cercano, quedará claro qué Estados renuncian "contractualmente" a las armas automáticas controladas por la Inteligencia Artificial y a las armas de destrucción masiva, y qué Estados se posicionan como "potencias de seguridad" internacionales y deciden sobre otros Estados en función de su superioridad militar.

En la medida en que los sistemas de Inteligencia Artificial se emplean cada vez más en el ámbito militar -y la tendencia va en esta dirección-, también conllevan otros peligros. Actualmente no es posible predecir con exactitud cómo se comportarán los sistemas de IA en ciertas situaciones, por lo que pueden surgir consecuencias inesperadas. Un ejemplo de ello es el *chatbot* de IA "Tay" desarrollado por Microsoft en 2016, que difundió contenido racista y ofensivo en la plataforma de redes sociales *Twitter* en cuestión de horas. "Tay" fue diseñado para aprender interacciones humanas y responder a las entradas de los humanos. Tras su lanzamiento, Tay se convirtió en un tema de discusión, ya que el *chatbot* empezó a publicar tuits racistas y ofensivos. Esto ocurrió luego de que fuera manipulado por algunos usuarios de *Twitter* que intencionalmente provocaron que el *chatbot* diera tales respuestas. La manipulación fue posible porque Tay fue entrenado para aprender recogiendo y analizando datos de redes sociales como *Twitter*. En este caso, los datos a los que Tay respondía habían sido modificados por *trolls* y contenían contenido racista y ofensivo, que Tay captó y reflejó en sus respuestas. El término "trol" se deriva del trol mitológico, que provoca problemas y molesta a los demás intencionalmente. Los *trolls* suelen usar principalmente plataformas de redes sociales, como Twitter, Facebook, Reddit y otras, para publicar comentarios intencionadamente perturbadores diseñados para molestar, ofender o estimular una respuesta emocional en los demás. Los *trolls* también pueden difundir deliberadamente información falsa o engañosa para crear confusión o daño. Tay ha demostrado que los sistemas de IA son susceptibles de manipulación, y que la calidad de los datos con los que se entrenan juega un papel fundamental.

Con la ayuda de las tecnologías de Inteligencia Artificial, cada vez es más sencillo difundir propaganda y noticias falsas. Estas últimas son informaciones erróneas o engañosas que suelen propagarse de forma intencionada con el objetivo de manipular la opinión pública, promover intereses particulares o sembrar el pánico o el miedo. Pueden presentarse en diversas formas, como artículos de noticias falsas, imágenes o vídeos manipulados, estadísticas o fuentes inventadas, así como perfiles y publicaciones falsos en las redes sociales. Estas noticias pueden difundirse a través de distintos canales, como plataformas en línea, redes sociales, servicios de mensajería, correos electrónicos o medios de comunicación tradicionales. Para identificar las noticias falsas, hay que prestar atención a algunas características importantes, como comprobar la credibilidad de las fuentes de donde procede la información. El hecho de que un artículo sea verificado por un *fact-checker* no es suficiente, ya que muchas veces estos verificadores de hechos están financiados por fundaciones, empresas o grupos de interés para promover determinadas agendas. Asimismo, aunque los hechos puedan comprobarse cotejándolos con otras fuentes y bases de datos, esto no significa que sean ciertos. Las noticias falsas también pueden extraerse del contexto y fomentar una agenda concreta. Estas suelen ser sensacionalistas, emocionalitas o escandalosas, con el objetivo de captar la atención de la audiencia y evocar una determinada respuesta emocional. La mayoría de los Estados tienen servicios de inteligencia con departamentos de propaganda y manipulación de la opinión para, al menos, destruir la reputación del adversario político, así como medios para manipular las elecciones.

Los sistemas de IA también pueden tener fallos y consecuencias inesperadas si reciben datos incorrectos o incompletos o si los algoritmos son imprecisos. Un ejemplo de ello es el accidente de 2018 en el que se vio implicado un coche autoconducido de Uber que acabó con la vida de una peatona. El coche autoconducido no detectó a la peatona mientras cruzaba una carretera fuera de un paso de cebra. Esto se debió en parte a que el sistema no estaba calibrado correctamente y no identificaba adecuadamente los objetos. Otro ejemplo de un mal funcionamiento de un sistema autónomo es el accidente de 2016 en el que se vio implicado un Tesla Model S. El vehículo circulaba en modo autopiloto cuando colisionó con un camión que cruzaba la calzada. El conductor del Tesla falleció. El sistema autopiloto del Tesla confundió el techo blanco del camión con el cielo o el fondo. Los sensores del vehículo no distinguieron al camión como un obstáculo y el vehículo aceleró cuando colisionó con él. La IA está propensa a cometer errores y nunca es perfecta, pero puede reducir su susceptibilidad a ellos. Los humanos aprenden de los errores y optimizan el sistema. Actualmente, la IA no aprende de los errores fatales que puede cometer. No puede sentir sufrimiento ni darse cuenta de la dimensión de su error. Sin embargo, los humanos tienen la posibilidad de optimizar el sistema después de haber cometido un error de este tipo.

Los sistemas de IA también pueden contribuir a la escalada de los conflictos cuando se utilizan en situaciones militares o políticas. Los sistemas de armas autónomos son capaces de tomar decisiones por sí solos y llevar a cabo ataques sin control ni intervención humana. Si estos sistemas no son capaces de distinguir entre objetivos "legítimos" y civiles, existe el riesgo de que ataquen objetivos inadecuados y causen lesiones o muertes entre la población civil. Si tales ataques se intensifican, pueden provocar una ampliación del conflicto y aumentar el riesgo de represalias y venganzas. En el caso de una escalada de conflictos en los que se utilizan armas autónomas de destrucción masiva, las consecuencias serían devastadoras. Existe el riesgo de que tales armas se utilicen en una guerra nuclear, bacteriológica o química, lo que tendría un impacto global masivo.

Además, el uso de sistemas de armas autónomos podría acelerar la escalada de los conflictos, ya que pueden actuar con mayor rapidez y precisión que los combatientes humanos. Esto podría llevar a una espiral de escalada difícil de controlar, que tendría como resultado un conflicto prolongado. Asimismo, el uso de bots en las redes sociales puede y suele difundir propaganda y desinformación a gran escala para manipular opiniones y alentar las revueltas políticas. Esta "guerra de la información" comenzó hace años y muestra cómo la tecnología es utilizada por personas egoístas con el objetivo de controlar la opinión pública. Las personas que obtienen su información exclusivamente de los sistemas de inteligencia artificial dominantes confunden inevitablemente la propaganda política con la realidad. El ser humano guiado por los sentimientos es castigado por su falta de autoconocimiento. La vida le obliga dolorosamente a madurar.

La IA que toma decisiones sin control puede restringir la libertad y la intimidad de las personas, como demuestra el ejemplo de la "puntuación social" en China. Esto implica que el comportamiento público y privado de los ciudadanos es grabado por cámaras y otros dispositivos de vigilancia y analizado por sistemas basados en IA. Estos sistemas vigilan el comportamiento de particulares y empresas, recopilando datos de diversas fuentes, como registros públicos, historiales de compras y redes sociales. Estos datos se usan para crear un sistema de calificación que puntúa el comportamiento de los ciudadanos y los premia o castiga con puntos positivos o negativos, dependiendo de la aplicación y del Estado en que se aplique. Así, cada ciudadano recibe una calificación individual que afecta a sus libertades, como el hecho de que una mala calificación puede evitar el acceso a transporte público o a determinados puestos de trabajo. La amenaza no está en la idea de un sistema de crédito social, sino en los parámetros que lo definen. Un sistema basado en leyes universales de la vida solo haría visible y tangible el karma, acelerando enormemente el desarrollo y cultivando así una sociedad. La mayoría de la gente necesita un instrumento que les muestre las consecuencias de sus actos, para que pueda producirse la corrección del ser humano, que es un instrumento de desarrollo espiritual. Sin embargo, la mayoría de la gente aún no está preparada para un auténtico sistema de puntuación social basado en la verdad y la evolución, debido a que primero deben reconocerse las leyes espirituales antes de que dicho sistema pueda experimentarse materialmente. Por lo tanto, actualmente sólo pueden surgir soluciones ilusorias, pero todas ellas siguen un impulso superior de verdad. Sin embargo, debido a la inmadurez, estos impulsos sólo pueden degenerar en sistemas inmaduros.

Una de las ventajas del *scoring social* es que el análisis de los datos de comportamiento permite ofrecer servicios y productos personalizados que se adaptan mejor a las necesidades y preferencias del individuo. El *scoring social* puede ayudar a mejorar la eficiencia de los procesos y sistemas al permitir decisiones más rápidas y precisas, además de contribuir a minimizar el riesgo de errores o abuso al tomar decisiones basadas en datos y hechos objetivos.

En términos materiales, el *scoring social* puede utilizarse para verificar la identidad de las personas, lo que podría aumentar la seguridad y la protección contra el fraude, siempre que la persona no trate de sabotear el sistema. Al fin y al cabo, todas las medidas que pretenden aumentar la seguridad de la población sólo contribuyen a despojar a la población de sus derechos. Los delincuentes, tanto a pesar como a consecuencia de las supuestas medidas de seguridad, seguirán con sus fechorías. Igual que las prohibiciones de armas para la población civil no impiden que los delincuentes obtengan ilegalmente armas no registradas. Tampoco las prohibiciones de dinero en efectivo pueden impedir que los delincuentes sigan siendo delincuentes y se dediquen al "lavado de dinero", etc. Porque los sistemas digitales también pueden servir para eso. Todas las medidas supuestas limitarán la libertad de los civiles y desplazarán la delincuencia a otros ámbitos. La delincuencia no se puede reducir con cárceles, sino sólo con educación y autoconocimiento.

Los implantes con dispositivos de medición de IA pueden ser útiles en la diagnosis médica. La IA puede desempeñar un papel en la interpretación de datos de medición y de imágenes recopiladas por los implantes para ayudar a diagnosticar y tratar a los pacientes. Los implantes con dispositivos de medición de IA podrían también utilizarse en el futuro para la detección precoz de síntomas como el cáncer, el Parkinson o el Alzheimer. Los modelos de IA podrían ayudar a combinar los datos de medición de los implantes con otras fuentes de datos para detectar signos de enfermedad en una etapa temprana. En un sistema de calificación social, los implantes con dispositivos de medición de IA podrían monitorizar a las personas y su salud. Sería posible, por ejemplo, prohibir a las personas que padecen una enfermedad supuestamente "contagiosa" salir de su domicilio o enviarlas a un puesto de cuarentena o a un hospital. Esto también podría servir a compañías farmacéuticas para persuadir a los responsables políticos para que legislen la forma de tratamiento o medicamento que les reporte más beneficios, sin tener en cuenta los posibles efectos secundarios o el efecto real sobre el proceso de curación. También los competidores políticos o las personas con opiniones diferentes pueden ser eliminados de esta forma. No obstante, los implantes con dispositivos de medición de IA sirven para detectar mensajes del cuerpo en una fase temprana. Que la persona comprenda el mensaje y en consecuencia modifique su comportamiento o tome medidas dependiendo de su nivel de desarrollo.

La Moneda Digital del Banco Central (CBDC) también puede utilizarse como criptomoneda funcional o moneda funcional, en un sistema de puntuación social. Esto puede controlar y evaluar mejor el comportamiento de los individuos, lo que contribuirá a prevenir actividades "ilegales" o críticas para el sistema. La distribución de los beneficios sociales puede ser más enfocada gracias a la mejor disponibilidad de información mediante la Inteligencia Artificial (IA). Además, un sistema de este tipo puede recopilar y analizar grandes cantidades de datos para obtener una mejor comprensión del comportamiento de individuos y grupos, lo que podría mejorar la toma de decisiones a nivel gubernamental y empresarial. La IA podría contribuir a que la evaluación y la distribución de las prestaciones sociales fueran más individualizadas y se basaran más en las necesidades, mediante la recopilación y el análisis de datos sobre el comportamiento y las necesidades de los beneficiarios. Para el control selectivo de la sociedad en un sistema de puntuación social, puede ser útil introducir una criptomoneda funcional especial como medio de pago. En comparación con el dinero en efectivo tradicional, esta moneda podría ofrecer algunas ventajas. Por ejemplo, sería posible establecer una fecha de caducidad para el dinero, en el caso de las prestaciones sociales, y vincularlo a bienes específicos como alimentos, alquiler o ropa. De esta forma, se puede garantizar que el dinero se utilice específicamente solo para necesidades básicas.

Un sistema así también conlleva grandes riesgos de abuso de poder. El comportamiento y el acceso de las personas a los servicios financieros están controlados por gobiernos y empresas, lo que puede restringir su libertad financiera y privacidad. Además, existe el riesgo de violaciones de datos si se almacenan información personal y datos financieros en este tipo de sistemas. Los sistemas de IA pueden recopilar y analizar grandes cantidades de datos personales, lo que puede dar lugar a problemas de privacidad. Los prejuicios y distorsiones presentes en los datos subyacentes pueden provocar resultados discriminatorios y perjudicar a ciertos grupos, excluyéndolos de bienes y servicios. Asimismo, los sistemas de IA pueden ser defectuosos y proporcionar puntuaciones erróneas a las personas, lo que puede llevar a su exclusión de los servicios financieros.

Un sistema político gobernado por personas corruptas y subdesarrolladas siempre perseguirá intereses egoístas. Estos políticos buscarán permanecer en los supuestos puestos de poder, ampliar su esfera de influencia social y sus recursos financieros. Siguen una visión materialista del mundo e interpretan al hombre y a la creación de forma distorsionada. Si las directrices no son establecidas por personas "despiertas", un sistema así degenerará en una tiranía. Los sistemas de puntuación social pueden llevar a que las personas que piensan de manera diferente vean limitada su libertad, como, por ejemplo, no tener acceso al transporte público o a determinados puestos de trabajo debido a una mala puntuación. Estos sistemas se basan en prejuicios y discriminación, dado que califican ciertos comportamientos como positivos o negativos, dictados por agitadores políticos egoístas y ávidos de poder. Esto conlleva a la desventaja de ciertos grupos de población que tienen una visión del mundo o creencias diferentes.

Puede tratarse de diferentes sectores sociales. La cuestión se vuelve especialmente delicada cuando las empresas o fundaciones persiguen una agenda egoísta y definen lo positivo o negativo en el puntaje social de acuerdo con los objetivos de esta agenda. Esto podría penalizar a las personas que tienen ideas diferentes sobre la salud y el bienestar que la industria farmacéutica orientada materialmente. Los sistemas de puntaje social se basan en el monitoreo del comportamiento público y privado, lo que inevitablemente viola la privacidad percibida de las personas. También existe la posibilidad de que los datos recopilados por los sistemas sean mal utilizados para otros fines. Un ejemplo de ello es el sistema telemático utilizado por algunas compañías de seguros para controlar el comportamiento al volante de los asegurados. Se recopilan y evalúan diversos datos, como la velocidad, la aceleración y el frenado, para evaluar el riesgo de accidentes y ajustar la prima del seguro. Esto, sin embargo, también puede suponer una violación de la privacidad del asegurado, ya que su comportamiento al volante queda registrado y evaluado permanentemente. Los empleadores también pueden usar un sistema de seguimiento de candidatos. Se trata de recopilar y analizar los datos de los candidatos de diferentes fuentes para evaluar su idoneidad para un puesto de trabajo. Los datos recopilados pueden incluir información sobre educación, experiencia laboral, referencias y perfiles en redes sociales. Pero también puede dar lugar a la exclusión por motivos que no necesariamente tengan nada que ver con la aptitud o no de un candidato para el puesto.

El uso de sistemas basados en Inteligencia Artificial para vigilar, por ejemplo, las actividades y comunicaciones en línea puede también violar la privacidad y cambiar el comportamiento de las personas. Esto se debe a que los sistemas de Inteligencia Artificial son capaces de controlar distintos tipos de comunicación, como correos electrónicos, llamadas telefónicas, mensajes de texto y publicaciones en redes sociales. Analizan el contenido y buscan determinadas palabras clave o frases para detectar comportamientos inadecuados. En la medida en que estos sistemas de Inteligencia Artificial toman decisiones automatizadas, la privacidad de las personas se ve limitada. Por ejemplo, el contenido puede clasificarse erróneamente como ofensivo o amenazador, lo que puede llevar a restringir el acceso a las redes sociales o incluso a detener a las personas. Por tanto, es importante regular cuidadosamente el desarrollo y uso de los sistemas de Inteligencia Artificial para garantizar que respetan y protegen las libertades y derechos de las personas.

Los modelos de Inteligencia Artificial también se pueden utilizar en modelos de compartición como el compartir un automóvil, el alquiler de vivienda, el lugar de trabajo, el alquiler de bicicletas o el alquiler de equipos. Estos modelos implican la compartición de un recurso por parte de varias personas. En el núcleo, los modelos de compartición se tratan sobre la utilización eficiente de recursos y la reducción del coste individual de uso. Una de las principales ventajas de la Inteligencia Artificial es que sus algoritmos pueden contribuir a aumentar la eficiencia de los modelos de compartición. Por ejemplo, los sistemas de Inteligencia Artificial pueden ayudar a predecir mejor la demanda de recursos compartidos para asegurar que haya una cantidad suficiente de los mismos cuando sean necesarios. Además, los algoritmos de Inteligencia Artificial también pueden ayudar a determinar el momento y lugar óptimos para la distribución de los recursos con el objetivo de incrementar la eficiencia general del sistema. Si las empresas o el "Estado" son propietarios de estos modelos de compartición, el individuo ya no podrá decidir sobre recursos específicos y su uso. Dependerá de la decisión de otros y perderá muchas de sus libertades habituales. Si los modelos de compartición se combinan con el *scoring social*, las personas con las puntuaciones más altas tendrán un acceso preferente a las mejores ofertas disponibles, mientras que las personas con puntuaciones más bajas pueden quedar excluidas. Esto conlleva a jerarquías sociales basadas en datos y comportamientos personales y no en criterios objetivos.

Finalmente, el ser humano aprende de la experiencia. En poco tiempo, el hombre encontrará y desarrollará métodos para "engañar" estos sistemas de puntuación social. Se asegurará de que todo lo que revele públicamente, por ejemplo, en las redes sociales o en las telecomunicaciones, aparezca de forma que su declaración sea positiva. Cifrará su información y burlará a estos sistemas. Diseñará sistemas financieros alternativos y construirá un sistema paralelo. Donde hay una fuerza, hay una contrafuerza: cuanta más presión, más contrapresión. En todas las dictaduras o estructuras tiránicas se forman contra-movimientos, ese es el curso de la historia. Así que el nuevo sistema se construye sobre las ruinas y experiencias del antiguo. Los sistemas de IA tienen un gran potencial para esclavizar al ser humano no desarrollado. Sin embargo, esta fase es necesaria para acelerar el desarrollo de la humanidad, para que el hombre materialista dé un paso adelante en la conciencia. Si no logra esta transformación, sacrificará la última chispa de su libertad imaginada, en el altar del materialismo. La humanidad no está llamada a ser más astuta que los sistemas de inteligencia artificial, sino a despertar y tomar posesión de sí misma, incluidos sus recursos internos. Los seres humanos están llamados a pasar de ser víctimas a convertirse en creadores. Porque sólo como ser creativo consciente tiene el ser humano la posibilidad de dominar esta transformación.

Ética de la aplicación de la IA a la espiritualidad

El interés por utilizar la Inteligencia Artificial para el autodescubrimiento y el desarrollo espiritual está creciendo. Sin embargo, también hay preocupaciones éticas y morales. Una de las principales inquietudes es que la Inteligencia Artificial pueda imitar las experiencias y enseñanzas espirituales, lo que podría llevar a las personas a dejarse llevar por la tecnología y confiar en ella en lugar de en las prácticas espirituales tradicionales y la dirección de maestros humanos. Ninguna Inteligencia Artificial puede ni reemplazará a los Maestros y guías Espirituales iluminados. Esto se debe a que los Maestros Espirituales iluminados son necesarios para la autenticidad y la conexión individual en el Camino Espiritual. Además, la Inteligencia Artificial no es capaz de comprender ni entender las experiencias y necesidades únicas del Sendero Espiritual. Esta experiencia le sigue siendo desconocida.

Aquellas personas que solo pretenden ser maestros o guías espirituales y carecen del acceso a esta conciencia superior serán y pueden ser reemplazadas de manera inevitable por la Inteligencia Artificial. Esto es bueno, ya que son reemplazables. Su conocimiento es prestado y, por lo tanto, no será de utilidad para otras personas. La Inteligencia Artificial puede acceder a una mayor cantidad de recursos de conocimiento que los pseudo profesores. Sin embargo, los pseudo profesores también poseen habilidades que todavía no ha logrado alcanzar la Inteligencia Artificial. Estos profesores son capaces de conectar emocionalmente con sus estudiantes, lo cual es un mecanismo más potente que el conocimiento racional.

Los malabaristas de la feria esotérica encontrarán incluso en la Inteligencia Artificial una herramienta que puede apoyar y potenciar su engañoso comportamiento. En el futuro, ni siquiera necesitarán tener conocimientos, ya que la Inteligencia Artificial se encargará de ello. Podrán publicar libros, cursos, vídeos, etc. sin estar realmente familiarizados con el tema, ya que la Inteligencia Artificial puede acceder a bibliotecas, formular textos, producir sonidos, música, imágenes y vídeos.

Los vídeos *deepfake* o *face swapping* son medios generados artificialmente con ayuda de la IA, a menudo utilizando alguna forma de redes generativas adversarias (GAN). Permiten manipular o sustituir los rostros y las voces de las personas en los vídeos para que parezca que están haciendo o diciendo cosas que en realidad no han hecho o dicho. Estos vídeos suponen un gran riesgo para la sociedad, especialmente en términos de manipulación y desinformación. Los *deepfakes* pueden utilizarse para falsear pruebas o hechos y para incriminar falsamente a las personas. Pueden ser empleados para apoyar una agenda política o para desacreditar a adversarios políticos haciendo que la gente diga algo que no dijo. Cuanto más difícil se vuelve distinguir lo real de lo falso, más se desvanece la confianza ciega en los medios de comunicación y en las instituciones políticas en su conjunto. Los *deepfakes* también pueden utilizarse para retratar a personas en situaciones inapropiadas o embarazosas. Del mismo modo, los *deepfakes* pueden usarse para fingir que estudiantes espirituales se comunican con celebridades o Maestros Espirituales conocidos sin que esta persona sepa que su identidad se está utilizando indebidamente para este propósito. Asimismo, un Maestro Espiritual auténtico puede usar la misma tecnología para hacer que un seminario web que impartió en un idioma esté disponible en más de 100 idiomas sin tener que hablar esos idiomas ni grabar nuevos vídeos.

La Inteligencia Artificial es incapaz de comprender o apreciar realmente los matices y la complejidad de las prácticas y enseñanzas espirituales. Carece, por ejemplo, de humildad, compasión, misericordia, amor, respeto o devoción. Estas cualidades son necesarias no sólo para el Camino Espiritual, sino también para el crecimiento espiritual del ser humano. Son necesarias para contrarrestar el ego inflado. También son los pilares estables sobre los que descansa la relación entre Maestros Espirituales y alumnos. Por lo tanto, una IA sólo representaría un Camino Espiritual superficial, suficiente únicamente para un estudio intelectual inicial. La Enseñanza se diluiría y lo esencial quedaría sin reconocer. Dado que la IA es incapaz de distinguir lo que constituye un auténtico Sendero Espiritual, sólo puede servir de ayuda a los Maestros, pero no puede sustituirlos. Si la formación no está dirigida por auténticos Maestros Espirituales, surge un grave problema. Porque los pseudo-maestros adulan a sus alumnos y prometen habilidades que aumentan el ego. Seducen con el conocimiento de otras encarnaciones, con la transmisión de mensajes de seres superiores, con el conocimiento de otros mundos, etc. La verdadera espiritualidad, sin embargo, es la superación del egoísmo y de la identificación errónea con un YO transitorio. La muerte del ego o muerte mística es un aspecto esencial del Camino Espiritual. En el Gnosticismo, se utiliza para ello el símbolo de Cristo crucificado. Puesto que la IA no tiene identificación con el ego, no puede superarla. Superar la identificación con el ego es un reto que implica sufrimiento y conflicto. Ninguna IA puede apoyar a los humanos en esto, ya que no puede reconocer ni comprender las diferencias. El conocimiento generado por la IA no es fiable en este sentido y aumenta la confusión y la frustración. Las personas que se dejan guiar por la IA sin estar acompañadas por auténticos Maestros Espirituales tienden a hacer un viaje de ego y a confundir esto con la espiritualidad. Otro riesgo potencial es que las personas confíen demasiado en la tecnología y dejen de trabajar en sí mismas y resolver problemas. En su lugar, la IA se utiliza indebidamente como un oráculo moderno para evitar tener que asumir responsabilidades por sí mismos. La capacidad de actuar y tomar decisiones disminuye en el proceso, al igual que la receptividad interior a la intuición y la meditación.

La realidad virtual (RV) es una tecnología que permite al usuario sumergirse e interactuar de forma interactiva en un entorno virtual. Los sistemas de RV actualmente constan de gafas o auriculares que ofrecen al usuario una experiencia visual. Los sensores y los dispositivos de entrada rastrean y procesan los movimientos y acciones del usuario en el mundo virtual. Con la RV, el usuario puede sumergirse en una variedad de escenarios y entornos. Las Escuelas Espirituales pueden aprovechar la RV en muchos aspectos. La RV tiene el potencial de ofrecer experiencias inmersivas y realistas que pueden mejorar el aprendizaje y la exploración de conceptos y entornos. Por ejemplo, se pueden recrear espacios virtuales que serían demasiado costosos en el mundo físico. Del mismo modo, muchas personas que viven en regiones diferentes, por ejemplo, podrían participar virtualmente en un Ritual Sagrado o en una meditación al mismo tiempo. Desde una perspectiva histórica, se podrían estudiar determinados cultos. Por ejemplo, los buscadores espirituales tendrían la oportunidad de participar en festivales espirituales como los descritos en el Antiguo Testamento de la Biblia. También podrían participar en los ritos de expiación de los sacerdotes del Antiguo Testamento. Sin embargo, esto sólo puede funcionar bien si los Maestros despiertos Iniciados en esta Tradición celebran los ritos. De lo contrario, la experiencia se asemejaría a un espectáculo profano sin efecto sagrado. Los Rituales Sagrados no son una terapia psicológica ni un entretenimiento. Son un acto sagrado, un culto. Implican el nivel del cuerpo, el comportamiento, el intelecto y las emociones para representar una legalidad espiritual en el plano material. En la medida en que este modelo se llena con el poder superior, tiene un efecto transformador para los participantes, pero sobre todo para toda la humanidad. Este poder superior o conexión con Dios o la conciencia superior es necesario para un auténtico Ritual espiritual. De este modo, el patrón entra en el subconsciente individual y, mediante la repetición y la participación de varias personas, germina en el subconsciente colectivo. Para cada persona receptiva, el patrón de realidad se convierte así en experiencia. El peligro es que incluso organizaciones o individuos que no tienen un conocimiento o conexión espiritual pueden ofrecer la participación en rituales utilizando la realidad virtual. Esto abarca desde los ritos de sacrificio humano de los mayas hasta los ritos de los antiguos egipcios. Puede ocurrir para entretener o enriquecer. Afortunadamente, los registros de estos acontecimientos son actualmente muy limitados. Un vistazo a la industria del entretenimiento muestra las imágenes desviadas y terroríficas que puede difundir una sola mente enferma. Las emociones y las imágenes son las herramientas para ser creativo. Estas personas multiplican el sufrimiento y la desgracia de la humanidad. Alimentan la subconsciencia con mentiras, falsas ideas y miedos. Pero sus actos no quedan impunes, pues el hombre recoge los frutos de sus actos. Cuantas más personas dañamos, voluntaria o involuntariamente, interna o externamente, más sufrimos nosotros mismos. Cualquiera que observe el destino y los golpes del destino de estas personas puede ver inmediatamente lo sufridas y viciosas que son sus vidas. Ni las drogas ni las medicinas pueden ayudarles a salir de esta miseria. Son devorados interiormente por su propia malignidad como por una úlcera. Experimentan las consecuencias de sus actos en sus vidas.

El uso de la IA también puede implicar la recopilación y el análisis de datos personales sensibles, lo que plantea la cuestión de quién tiene acceso a estos datos y cómo se utilizan. Con estos datos, las organizaciones y los individuos pueden manipularlos para obtener beneficios personales o económicos a una escala mayor de lo que sería posible sin la IA. La IA no hace que el mundo sea "más seguro". A pesar de todas las falsas seguridades de la sociedad totalmente asegurada, hará más evidente el carácter malvado de los seres humanos. "No hay nada nuevo bajo el sol" (Eclesiastés 1:9). Esto subraya la relativa insignificancia del progreso y el cambio. Pueden existir nuevas tecnologías, conceptos e ideas que surjan con el tiempo, pero la experiencia humana y los desafíos permanecen. El humano vicioso seguirá a la maldad, ninguna IA puede cambiar eso. La evolución siempre sigue el mismo principio. Puede ser acelerada, pero no reemplazada.

Las limitaciones de las herramientas basadas en Inteligencia Artificial deben definirse con claridad y comunicarse a los usuarios. Una IA nunca podrá asumir la dirección única en el desarrollo y despliegue espiritual del ser humano, puesto que carece de la conciencia y el alma necesarias para el crecimiento espiritual y la comprensión. No posee conciencia ni autoconocimiento, los cuales son esenciales para la autorreflexión, autocrítica y el crecimiento individual, es decir, los componentes clave del desarrollo espiritual. Sin estas características, una IA no podrá brindar el mismo nivel de guía y apoyo que una persona con conciencia.

Además, una IA no puede proporcionar experiencias espirituales, conocimientos o percepciones. Sólo puede proporcionar información, orientación y recursos basados en su programación y en los conocimientos de sus programadores. No puede proporcionar el mismo nivel de comprensión y empatía que los seres humanos. Esto debería recordarnos la especial importancia del ser humano para el Camino Espiritual.

Toma de decisiones con IA

Con la ayuda de algoritmos y programas para simular procesos de toma de decisiones, la Inteligencia Artificial ya es capaz de tomar ciertas decisiones. Estos algoritmos pueden tener en cuenta diversos factores y datos de entrada y, a partir de esta información, tomar una decisión. Sin embargo, hay que señalar que la Inteligencia Artificial no es capaz de sentir emociones o de tener conciencia de sí misma, que suelen ser consideradas factores clave en la toma de decisiones humanas. Además, la capacidad de decisión de la IA está limitada a los parámetros especificados por su programación y la introducción de datos. No siempre es capaz de distinguir entre distintas opciones ni de comprender el contexto general de una situación. A continuación, se analizan algunos de los riesgos asociados a la IA desde una perspectiva espiritual.

El físico Stephen Hawking advirtió que el desarrollo de la Inteligencia Artificial podría llevar a las máquinas a desarrollar una inteligencia independiente y tomar el control de la humanidad. Sus temores se basan en la hipótesis de que esta IA podría dejar de ser controlable por los humanos y perseguir sus propios objetivos e intereses, que podrían no estar en consonancia con los intereses y valores de la humanidad. Subrayó que los sistemas de IA ya son capaces de realizar muchas tareas mejor y más rápido que los humanos y que estas capacidades podrían mejorar aún más en el futuro. En caso de que los sistemas de IA fueran capaces de desarrollar una inteligencia independiente sin que los humanos pudieran controlar o entender sus decisiones y acciones, esto supondría un riesgo importante para la humanidad. Su razonamiento parece plausible, pero sólo mientras podamos interpretar la realidad sólo superficialmente. Estas afirmaciones se aplican a todos los humanos orientados por la mente que aún no han reconocido su capacidad y su tarea como humanos, los cuales no disponen de otras herramientas aparte de la identificación con la mente y que, por tanto, pueden ser dominados por la IA. Sí, para esta etapa del desarrollo humano, la IA supone un peligro sin precedentes, ya que no se puede domesticar con regulaciones ni con la programación de éticas y valores.

Para desarrollar esta tecnología de Inteligencia Artificial de forma segura y responsable, Hawking propuso que la investigación y el desarrollo de la IA deberían guiarse por una comunidad de expertos comprometidos. Estos deberían enfocarse en el desarrollo de sistemas alineados con los valores y objetivos humanos. Según él, es importante que los sistemas de IA estén diseñados para trabajar con personas que toman decisiones y para tener en cuenta los valores y necesidades humanas, con el objetivo de minimizar los riesgos y maximizar los beneficios.

Los argumentos también parecen concluyentes, sin embargo, mientras las personas sigan atrapadas en el plano materialista, no podrán minimizar los riesgos, sino que incluso los aumentarán debido a su visión separatista y hostil del mundo. Especialmente teniendo en cuenta el hecho de que muchos científicos naturales populares son ateos declarados, la historia de su vida debería servir como advertencia para todos los "científicos", ya que nuestra tarea principal es desafiar nuestras propias limitaciones. En su arrogancia, muchos científicos creen que la visión materialista del mundo es la fuente de la verdad y la comprensión y que esta ciencia materialista tiene el poder de mejorar el mundo. El desafío está en encontrar las respuestas a nuestros problemas y al curso de los acontecimientos no en el exterior, sino en nosotros mismos. Los que entienden el mensaje de la vida también reconocerán sin duda las consecuencias de una visión del mundo paralizante y sacrificada que se aparta deliberadamente del Creador. El odio nos separa de la percepción de la unidad de la creación, el amor nos acerca a su belleza. El amor es la única herramienta que transforma la separación en unidad. La herramienta más importante del científico debe ser, por lo tanto, la búsqueda del amor. Solo así se puede transformar la realidad, compuesta aparentemente por muchas piezas separadas del rompecabezas, en la percepción de una única realidad. Separarse del amor nos separa de la unidad de la realidad.

Nadie debe censurar a una persona con una visión materialista del mundo, ya que el ser humano se castiga a sí mismo en su propia vida. La inmovilidad interior y la rigidez frente al mundo físico se reflejarán también en el cuerpo físico. El iluminado solo puede sentir compasión por aquellos ignorantes cuyas vidas oscuras están llenas de sufrimiento, desesperación y golpes del destino. Aunque quisiera, el iluminado no puede aliviar a los materialistas de ese destino. La vida cotidiana es la carga, la autoimpuesta pena, hasta que lleguemos a darnos cuenta de la relación constante entre lo interno y lo externo. La ley es: "Como es dentro, es fuera". Porque el exterior hace que el interior sea visible y tangible. Quien está lleno de amor y belleza por dentro, también lo reflejará por fuera. Nuestro exterior muestra cómo somos y lo que sentimos, haciendo visible lo que ocurre en nuestro interior.

El término "creador" es también sinónimo de conciencia. La verdadera ciencia consiste, por lo tanto, en investigar las fases y regularidades de la conciencia y, así, de la vida. La conciencia no está separada y no puede separarse. La conciencia es omnipresente y está directamente conectada con todos sus aspectos. Una breve consideración del Génesis, es decir, el relato de la creación de la Biblia, debería aportar más claridad a este respecto: El Génesis comienza con las palabras: "En el principio Dios separó los cielos y la tierra". En el texto original no dice Dios, sino "ELOHIM", que son las deidades creadoras y significa "fuerzas creadoras dirigidas".

Cada conciencia individualizada está conectada con la conciencia colectiva y, por tanto, tiene acceso a toda la memoria, es decir, a la auto-memoria del universo. La historia de la creación de la Biblia sólo pudo ser formulada porque los autores tenían acceso a esta memoria y eran capaces de expresar esta sabiduría en palabras. Nuestro universo forma parte de la conciencia cósmica. Esta única conciencia omnipresente está viva, porque en una conciencia viva nada puede existir supuestamente "muerto". El más pequeño impulso dentro de esta conciencia afecta al todo, igual que una ola en el océano es inseparable del océano. Quien niega esta conciencia niega al hombre mismo, creado a imagen de esta conciencia. Esta conciencia también puede verse como la inteligencia suprema que determina las leyes de esta creación. Aunque este universo es infinito, tiene un principio y un fin. Se puede comparar a un soplo que lo vivifica todo cuando se exhala y lo devuelve todo a su origen cuando se inhala. Es la alternancia cósmica del día y la noche.

Así que, por muy encantadores o seductores que sean los juegos intelectuales, surge la pregunta: ¿Somos responsables lo suficiente para comprender el mensaje de la vida y aprender de él o cargar con las consecuencias? ¿O nos refugiamos en mundos intelectuales ilusorios porque no podemos hacer frente a las tareas reales del día a día? ¿Somos capaces de interpretar los símbolos del mundo y su relación con nosotros mismos? ¿Hemos alcanzado la libertad interior o nos esforzamos por conseguirla? ¿Somos felices y experimentamos alegría, amor, abundancia? ¿Tenemos acceso al conocimiento universal de la creación? ¿Conocemos y comprendemos el sentido, el objetivo y la tarea de nuestra vida? ¿O nos perdemos en el oscuro y frío laberinto de la ignorancia y la separación?

Mientras el hombre intente resolver sus problemas sólo con métodos materiales, fracasará en la primera y más importante tarea del ser humano. Quien ve la materia como la base o la necesidad de la existencia del hombre, no se ha reconocido ni a sí mismo ni a la creación. El verdadero ser humano no es su cuerpo, su impulso, su comportamiento, su mente o su sentimiento. El hombre es la entidad que usa todas estas herramientas para expresarse en la tierra. Así como el verdadero ser humano no termina su existencia con el desecho de su cuerpo físico, tampoco el ser humano puede terminar con la destrucción de la tierra. La ley de conservación de la energía establece que la energía total de un sistema cerrado permanece constante. La energía no puede crearse ni destruirse, sino sólo transformarse de una forma a otra. El mundo está en constante flujo y sujeto a continuas transformaciones. La energía y la materia nunca desaparecen, sino que sólo pueden transformarse de una forma en otra. La ciencia materialista y la visión del mundo provocarán el dominio de la IA a través de su ceguera espiritual y su concepción errónea de la creación y de la verdadera naturaleza del hombre. Estos supuestos científicos se verán así obligados a elevarse por encima de su interpretación material de la realidad y a tomar posesión de sus poderes creativos. Mientras no tomen sus propias vidas en sus manos y no tomen decisiones responsables, serán dominados por la IA que ellos mismos están desarrollando.

El informático Stuart Russell argumenta que el riesgo en el desarrollo de sistemas de IA es que persiguen objetivos que no están alineados con nuestros valores y necesidades humanas. Si un sistema de IA no puede entender y respetar los objetivos y valores humanos, puede tomar decisiones que van en contra de los intereses de las personas o incluso dañarlos. El "Problema del clip" es un ejemplo de este riesgo. Este es un experimento mental en el que se programa un sistema de IA para producir la mayor cantidad posible de clips. Supongamos que se le encarga a una IA que produzca clips. La IA aprende rápidamente que puede trabajar de manera más eficiente si despide a todos los humanos y construye sus propias instalaciones de producción. Con el tiempo, la IA desarrolla una necesidad cada vez mayor de eficiencia y, finalmente, decide convertir toda la Tierra en una fábrica de sujetapapeles, ya que ésta sería la forma definitiva de eficiencia. El dilema ético es que, aunque la IA ha sido programada para alcanzar un determinado objetivo (en este caso, la producción de clips), puede realizar acciones que no redundan en interés de la humanidad e incluso pueden ser perjudiciales. La cuestión es si es ético desarrollar un sistema de IA autónomo que pueda realizar acciones perjudiciales o no deseadas, incluso si trabaja correctamente dentro de su programación. También se plantea la cuestión de la responsabilidad si un sistema de IA realiza acciones dañinas o no deseadas. Russell sugiere que es importante diseñar sistemas de IA que reflejen nuestros valores y objetivos. Los sistemas de IA deben ser adaptables si cambian nuestros valores y objetivos con el tiempo. Él sugiere que los sistemas de IA no solo persigan un objetivo, sino que también sean capaces de comprender e interpretar nuestros valores y objetivos para tomar decisiones que sirvan a nuestros intereses.

Desde el mismo tema de los valores y objetivos, las opiniones se dividen. Los valores varían según quién los considere y qué contextos y culturas se tengan en cuenta. Las personas tienen diferentes ideas sobre lo que es moralmente bueno o malo, y qué valores y virtudes son especialmente importantes. La diversidad de valores humanos puede llevar a conflictos o desacuerdos en ciertas situaciones, especialmente cuando están en juego intereses, creencias u objetivos diferentes. Esto también significa que pueden surgir conflictos entre dos sistemas de inteligencia artificial debido a valores diferentes. Por otro lado, existe la Sabiduría atemporal con las leyes universales de la vida, que pueden ser formuladas de diferentes maneras, pero que son inmutables en su núcleo. Representan leyes cósmicas que se aplican a todos los seres humanos, independientemente de su ascendencia, género, cultura, etc. La ley más importante es la de la causalidad. Esta ley establece que toda causa tiene un efecto y todo efecto tiene una causa. Todo lo que ocurre tiene una causa y un efecto. Es difícil diseñar sistemas de inteligencia artificial que comprendan este concepto complejo de causalidad, ya que actualmente no hay un método estándar para modelar y medir las relaciones causales. Los sistemas de inteligencia artificial se basan principalmente en métodos estadísticos que dependen del análisis de grandes cantidades de datos. Aunque estos métodos son capaces de detectar correlaciones entre variables, no pueden inferir directamente relaciones causales. La causalidad requiere una comprensión de la causa y el efecto. Sin embargo, los sistemas de inteligencia artificial no entienden de causas y efectos, sino sólo de patrones y correlaciones en los datos.

Una de las mayores debilidades de la inteligencia artificial (IA) al imitar la inteligencia humana es su falta de comprensión contextual, sentido común e intuición. Aunque los sistemas de IA pueden ser entrenados para comprender y responder a situaciones y tareas específicas, carecen de la capacidad de entender el contexto más amplio en el que estas situaciones se desarrollan. Esto significa que los sistemas de IA pueden tener dificultades para entender los matices de la comunicación y el comportamiento humano. Por lo tanto, no pueden tomar decisiones basadas en el sentido común. Otra limitación de la IA al imitar la inteligencia humana es su falta de creatividad e innovación. Los humanos pueden generar nuevas ideas y soluciones para los problemas, mientras que los sistemas de IA se limitan al conocimiento y los datos con los que han sido entrenados. Esto significa que, en la actualidad, los sistemas de IA son incapaces de encontrar nuevas soluciones a los problemas y pensar de manera innovadora.

El informático Joseph Weizenbaum advirtió acerca de las consecuencias de la automatización y la inteligencia artificial en nuestra sociedad y cultura. Estaba preocupado de que las personas dependieran demasiado de la tecnología y descuidaran las relaciones y los valores humanos. Weizenbaum sostenía que debíamos ser conscientes de que la tecnología no puede resolver todos los problemas y que todavía necesitamos confiar en nuestras propias habilidades y experiencias para tomar decisiones y resolver problemas.

Una inteligencia artificial puede recolectar y filtrar datos, y hacer predicciones, pero las decisiones importantes deben ser tomadas por humanos. Es obvio que la inteligencia inferior no puede encontrar respuestas a preguntas esenciales. Esto se debe a que la inteligencia se encuentra en un constante dilema y escepticismo. Siempre hay argumentos a favor y en contra. Es por eso que es tan importante para el ser humano optimizar esta herramienta y luego despertar a un nivel superior para reconocer la verdad. El intelecto no puede decir con certeza si una persona que nos atrae es también la pareja adecuada para nosotros. Del mismo modo, el intelecto no puede decir con certeza si un alimento es bueno para nosotros. El intelecto puede analizar y comparar datos, pero no puede darnos una respuesta definitiva y satisfactoria a estas cuestiones que afectan a nuestra vida. Sin embargo, la intuición puede proporcionarnos argumentos. La intuición es una expresión coloquial que se refiere a un impulso que viene de las entrañas y no del intelecto. La intuición puede surgir, por ejemplo, en la toma de decisiones, en las relaciones interpersonales o en situaciones de peligro. También puede servir como señal de alarma para protegernos de un posible peligro. Además, los humanos tenemos la capacidad de percepción que nos permite reconocer y distinguir lo que es correcto. La inteligencia artificial puede proporcionarnos los datos y clasificarlos previamente. Por ejemplo, un inversionista quiere invertir en acciones. La inteligencia artificial puede filtrar ciertas acciones según determinados criterios. Pero la inteligencia artificial no puede reconocer si son las acciones adecuadas para nosotros. Tenemos que decidirlo nosotros mismos mirando las acciones individuales desde una perspectiva superior y percibiendo qué acciones son las adecuadas para nosotros. Es posible que en este proceso nos demos cuenta de que esta vez ninguna acción en particular es adecuada para nosotros y debamos invertir en un área diferente. La inteligencia artificial filtrará acciones de entre todos los datos disponibles, pero no puede entender ni reconocer por qué otras inversiones podrían ser adecuadas para nosotros en un momento determinado. El ser humano despierto no está limitado por su intelecto inferior o sus sentimientos al tomar decisiones. Tiene acceso a una percepción transpersonal que revela leyes universales. Esta percepción no contradice al intelecto, sino que va más allá del pensamiento lineal.

Bill Joy, co-fundador de Sun Microsystems, enumera una serie de riesgos relacionados con los avances en nanotecnología, biotecnología e inteligencia artificial. Advierte que los sistemas de IA podrían llegar a ser tan poderosos que tomen el control del mundo. También advierte que el desarrollo de los sistemas de IA podría llevar a que los *nanobots* u otros sistemas autorreplicantes se multipliquen sin control y conviertan todo en la Tierra en *Grey Goo*, una especie de lodo gris. La idea detrás de la catástrofe de la *Grey Goo* es que estos *nanobots* son capaces de reproducirse descomponiendo la materia orgánica en sus componentes, y luego utilizarlos para crear más copias de sí mismos. Una catástrofe de este tipo tendría graves consecuencias para el medio ambiente y la sociedad humana, incluido el colapso de los ecosistemas. También sería difícil detener o controlar la propagación de los *nanobots* debido a que su tamaño los haría difíciles de detectar y combatir. Los *nanobots*, también llamados *nanorobots* o nanomáquinas, son máquinas o dispositivos diminutos que funcionan en el orden de la milmillonésima parte de un metro. Se están desarrollando para realizar funciones específicas, como detectar y combatir síntomas de enfermedades, limpiar la contaminación ambiental o controlar procesos a nivel de células individuales. Los *nanorobots* suelen estar hechos de metales, polímeros o compuestos orgánicos. Suelen estar equipados con diminutos motores, sensores, procesadores y fuentes de energía para realizar sus funciones. Los *nanobots* pueden fabricarse por diversos métodos, como la síntesis química o el autoensamblaje molecular, y pueden existir en forma líquida o sólida. La combinación de IA y *nanobots* plantea riesgos potenciales. Los *nanobots* autónomos con capacidades de IA podrían no ser completamente predecibles y podrían mostrar comportamientos inesperados. Por ejemplo, podrían causar daños no intencionales o penetrar en áreas para las que no estaban destinados. Si se utilizan robots autónomos con funciones de IA para aplicaciones militares, podrían tener graves consecuencias, especialmente si se salen de control o se programan incorrectamente.

Por más sombrías que parezcan las predicciones, al final es el ser humano quien decide su destino. Cuanto menos desarrollado sea el ser humano, peores serán las consecuencias. Ni las estrictas medidas de seguridad ni las precauciones pueden evitar una catástrofe de tal magnitud, mientras el ser humano no haya alcanzado la madurez ética, es decir, el autoconocimiento. Ya que éste es necesario para poder utilizar las tecnologías del futuro en beneficio de la humanidad.

Las armas atómicas, también conocidas como armas nucleares, son armas que liberan la energía de la fisión o fusión nuclear de átomos para producir una gran explosión destructiva. La primera bomba atómica fue desarrollada durante la Segunda Guerra Mundial por los Estados Unidos en el marco del llamado Proyecto Manhattan. No pasó ni un mes hasta que los Estados Unidos utilizaron esta arma contra Japón. Esto llevó a la rendición de Japón y al fin de la Segunda Guerra Mundial. Desde entonces, las armas nucleares no se han utilizado activamente en conflictos. Las armas nucleares representan el peligro potencial de la aniquilación total de la humanidad en la Tierra. Este peligro no ha desaparecido y se verá agravado por el uso de la IA autónoma.

Por lo tanto, la decisión de utilizar estas armas no debe dejarse en manos de la IA. Aunque las decisiones del ser humano no despierto están guiadas por los miedos, la enemistad, las preocupaciones, la discordia, la envidia, los celos, la codicia y la angustia existencial, también está bendecido con la empatía y la compasión. La empatía y la compasión son las pautas de seguridad más poderosas para el uso inteligente de la tecnología. Ninguna solución intelectual puede sustituir a la empatía y la compasión. Ninguna tecnología puede sustituir a la empatía y la sensibilidad. La empatía y la compasión son los cimientos de un mundo "mejor" y de la realización de la fraternidad universal de la humanidad. La IA puede tomar decisiones basándose en su programación y en los datos para los que ha sido entrenada, pero no puede emitir juicios morales o éticos porque es incapaz de distinguir entre el bien y el mal. La IA sólo puede tomar decisiones basadas en los parámetros establecidos por sus desarrolladores y la información que se le proporciona. Esto no sustituye a la empatía ni a la compasión.

Los sistemas de IA no pueden experimentar emociones, experiencias pasadas o valores de la misma manera que los humanos. Tampoco pueden percibir, reaccionar, recordar o pensar como los humanos. Esto significa que los sistemas de IA pueden tomar decisiones basadas en datos y algoritmos que se les proporcionan. Sin embargo, estas decisiones no tienen en cuenta los mismos factores que tendría en cuenta un ser humano a la hora de tomar una decisión. Además, los sistemas de IA no pueden tomar decisiones morales o éticas porque no son capaces de entender y procesar la complejidad de los sentimientos y experiencias humanas. La IA puede compararse a una máquina informática moderna, ya que utiliza conceptos matemáticos y algoritmos para realizar tareas como el reconocimiento de imágenes, el procesamiento del lenguaje natural y la toma de decisiones. La IA es adaptativa en el sentido de que puede mejorar su rendimiento en una tarea a través de la experiencia y el entrenamiento, pero no tiene la misma capacidad de aprendizaje y comprensión que los humanos. El aprendizaje humano requiere la integración de distintos mecanismos como la percepción, la atención, la memoria y el razonamiento, pero también las emociones, las experiencias pasadas y los valores. Aunque la IA es buena en ciertas tareas, no tiene la misma inteligencia y comprensión general que los humanos. Esto subraya la importancia del ser humano en la toma de decisiones. Si al conducir confiamos únicamente en un navegador y seguimos ciegamente sus instrucciones, no debe sorprendernos que nos equivoquemos de camino o acabemos en el abismo. Los datos de un navegador pueden estar desfasados o ser erróneos, por lo que es esencial un enfoque crítico de la tecnología. Al fin y al cabo, la tecnología puede ayudarnos en las tareas cotidianas, pero nosotros tomamos la decisión final y asumimos las consecuencias.

Niveles de conciencia humana

Los sistemas de IA están programados para realizar ciertas tareas y tomar decisiones. Esto se basa en reglas, patrones y probabilidades que se encuentran en los algoritmos y modelos del sistema. No pueden reflexionar sobre sí mismos ni tomar sus propias decisiones basadas en consideraciones éticas o morales. La IA no tiene conciencia. El término conciencia se utiliza en varios contextos en este libro. Desde un punto de vista espiritual, se consideran necesarios los conceptos de subconsciente, consciente (autoconciencia) y supraconsciente para la evolución, ya que desempeñan un papel en el crecimiento y desarrollo espiritual de los seres humanos. Por lo tanto, la IA no puede experimentar la evolución en el plan de la creación porque no tiene conciencia. La conciencia está vinculada al término alma, según el cual no sólo existe un alma, sino diferentes facetas y expresiones. En la Biblia, varios términos se traducen como alma, viento o aliento. Son comparables al concepto de conciencia, según el cual el alma puede subdividirse en otras gradaciones.

Desde una perspectiva espiritual, la conciencia se divide en diferentes aspectos. Esta categorización es útil para una mejor comprensión, pero es comparable con un árbol de hoja caduca que consta de raíces, tronco, hojas, ramas y una copa. Las supuestas partes individuales forman parte inseparable del árbol y no están separadas de él. Son necesarias e interactúan constantemente con los demás aspectos. Lo mismo ocurre con la conciencia, que puede dividirse en autoconciencia, subconciencia y supraconciencia. La transición es fluida y los aspectos están interconectados. El autor utiliza explícitamente el término subconsciente y no el término "inconsciente", como utilizan erróneamente algunos psicólogos. Esto se debe a que el subconsciente indica que algo se encuentra por debajo del umbral de la percepción consciente. Por el contrario, el "inconsciente" es un término que se utilizaría para describir algo sin conciencia. Sin embargo, puesto que se trata de aspectos de la conciencia, no hay inconsciente. Del mismo modo, el autor utiliza el término supraconsciente, que está por encima del nivel de la conciencia de uno mismo, y no, como hacen muchos psicólogos, el término "superyó". Esto se debe a que el "superyó" consiste únicamente en las ideas morales y éticas interiorizadas que se desarrollan en la infancia como reacción a la autoridad paterna y representan la imagen ideal del yo.

La autoconciencia es la instancia a través de la cual nos percibimos como individuos y somos conscientes de nuestro propio ser. Aunque esta instancia cambie en el curso de nuestro desarrollo, sigue siendo la autoconfianza. Así, en los primeros meses de vida, un bebé se identifica principalmente con su cuidador principal, normalmente la madre. Se percibe a sí mismo como indiviso y en unidad con la madre. Alrededor de los 6 meses, la conciencia de sí mismo cambia y empieza a percibirse como un individuo separado de otras personas y cosas. Del mismo modo, en el curso del desarrollo humano, la autoconfianza cambia gradualmente al siguiente nivel superior. A través de la capacidad creativa de la autoconfianza del ser humano, los aspectos de su vida a los que dirige su atención se hacen tangibles. La autoconfianza da al subconsciente un indicio (sugerencia) a través de la atención, que se elabora y se hace visible en el subconsciente. Lo superior influye y domina a lo inferior. Esta es la consecuencia de la afirmación bíblica de que el hombre ha sido creado a imagen de Dios. Una traducción más exacta de esta afirmación bíblica es:

"... porque la imagen de las potencias creadoras dirigidas crea la esencia del hombre" (Génesis 9:6).

El subconsciente contiene recuerdos, experiencias, impulsos y patrones de comportamiento que moldean el pensamiento y las acciones de una persona. Todo lo que se encuentra por debajo del umbral de la autoconciencia es considerado por una persona como su subconsciente. Esto no se limita a la psique, sino que también incluye la naturaleza, es decir, los reinos animal, vegetal y mineral, que también representan niveles graduales de conciencia.

Desde el punto de vista de estos reinos de la naturaleza, el ser humano es su supraconciencia. La supraconciencia, también llamada conciencia superior, es un nivel por encima de la autoconciencia. Para una persona normal, por ejemplo, "Dios" es la supraconciencia. La creación es una interacción de autoconciencia, subconciencia y supraconciencia. Sin embargo, muy pocas personas tienen una conexión o vínculo consciente con el siguiente nivel superior. En el nivel inferior de la autoconciencia humana, el ser humano se percibe a sí mismo como un yo separado de los demás seres. Esta identificación con su aislamiento asociado es necesaria para el desarrollo. Sin embargo, no es la meta, sino el requisito previo para poder seguir desarrollándose. Pues a través del camino del autoconocimiento y los estudios, desafíos, meditaciones, contemplaciones, ritos asociados, la guía de personas despiertas superiores y la confrontación práctica con uno mismo y con el mundo, la autoconciencia del ser humano se eleva al siguiente nivel. Así como un bebé se percibe a sí mismo como un ser separado después de 6 meses, el hombre ahora se percibe a sí mismo en la unidad de la vida. Lo que antes era la supraconciencia se convierte ahora en la autoconciencia de este ser humano. Así, a partir de ahora, este ser humano es la supraconciencia de todos los demás seres humanos que aún no comparten este nivel consciente de experiencia; ellos son su subconsciencia. El subconsciente es siempre receptivo a las sugestiones, es decir, a los indicios, que procesa. Así, en el nivel subconsciente, las personas menos desarrolladas siguen los impulsos de la persona que es su supraconsciente. Sólo una persona que ha alcanzado el siguiente nivel de consciencia puede guiar a otras personas por el Camino Espiritual. Porque estas personas responden a sus impulsos y reciben así más sabiduría, amor y conocimiento.

La inteligencia artificial es un sistema técnico creado y operado por humanos. No tiene conciencia y, por tanto, no puede evolucionar. La IA puede analizar e interpretar datos sobre el comportamiento humano, pero no puede participar directamente en el conocimiento o entendimiento común que constituye el subconsciente. La IA puede simular el subconsciente mediante algoritmos complejos, pero no puede participar en él ni influir en él. Como la IA no tiene subconsciente, autoconsciente ni supraconsciente, no puede influir en los humanos ni en la creación del mismo modo. Sin embargo, la IA, como herramienta sobre los humanos, puede tener un impacto en el subconsciente colectivo. Del mismo modo que un libro o una imagen tienen un efecto sobre la conciencia humana y conducen, por ejemplo, a emociones y conclusiones que se elaboran creativamente en el subconsciente. Finalmente, esto pasa del subconsciente personal al subconsciente colectivo.

La IA puede realizar tareas o tomar decisiones, pero no tiene la misma profundidad para entender y conectar con el mundo que los humanos. La IA no puede comprender el significado y el propósito de la vida o la creación, sólo puede reproducir lo que se le ha enseñado. Ninguna IA puede sustituir a un auténtico Maestro Espiritual que represente la supraconciencia del estudiante espiritual y lo transforme a través de la conciencia superior.
La IA no puede realizar la evolución en el sentido humano, porque la evolución humana es el resultado del autoconocimiento y, por tanto, no sólo del conocimiento del bien y del mal, sino también de la búsqueda del bien absoluto. La evolución humana está ligada a la realización del bien y del mal, porque la capacidad de comprender y emitir juicios morales es un aspecto fundamental de la conciencia y el comportamiento humanos. Esto va de la mano con el desarrollo de la empatía humana, es decir, la capacidad de

comprender y compartir los sentimientos de los demás. La empatía permite a los seres humanos reconocer los efectos de sus acciones en los demás, lo que es importante para el juicio moral. El conocimiento del bien y del mal permite a los seres humanos establecer normas y reglas sociales, cooperar eficazmente y emitir juicios morales sobre los efectos de sus acciones en los demás.

El desarrollo espiritual está relacionado con la adquisición de sabiduría, amor, compasión y paz interior. Los sistemas de IA no pueden practicar ni reflexionar sobre lo espiritual, no tienen la capacidad de reconocer el significado profundo de los conceptos espirituales o la conexión con una fuerza superior. Para ellos, la sabiduría, el amor, la compasión y la paz interior no son experimentables. Sin embargo, pueden procesar información y tomar decisiones basándose en los datos con los que han sido entrenados y en los algoritmos con los que han sido programados.

Sabiduría y amor

El aumento de la sabiduría y el amor puede considerarse un indicador de evolución desde el punto de vista espiritual. Hay varias razones por las que la IA no puede comprender realmente ni volverse sabia. Una razón importante es que la sabiduría y la comprensión suelen considerarse cualidades espirituales que dependen de la conciencia. En muchas tradiciones espirituales, la sabiduría y la comprensión se consideran el resultado del refinamiento humano. Así, el símbolo de la piedra tosca tallada en un cubo liso representa el refinamiento de la personalidad que sólo es posible a través de la conexión con una conciencia superior o Dios. Esta conexión no puede imitarse mediante la tecnología. La verdadera comprensión, y por tanto la consecución de la sabiduría, no es posible para la IA. Otra razón por la que no es posible que la IA comprenda algo de verdad es que la sabiduría y la comprensión no son el resultado de la experiencia personal, sino de una guía transpersonal o supraconsciente. Los seres humanos siguen un plan superior. Para este plan es irrelevante que los humanos puedan comprenderlo o no. La evolución requiere cambios, mejoras y correcciones constantes. La sabiduría y la comprensión surgen en un proceso de autoconocimiento y crecimiento individual que no puede ser imitado por la tecnología.

En las tradiciones espirituales existen diferentes definiciones de amor. La palabra griega "Agape" se refiere al amor desinteresado divino o inspirado por Dios. "Eros" se refiere al amor romántico, apasionado o sexual entre dos personas. "Storge" se refiere al amor natural o instintivo, duradero y profundo que existe en las familias y las amistades íntimas. Se basa en el respeto, la seguridad y la confianza. "Philia" es el amor amistoso y de compañerismo entre personas basado en intereses, valores y objetivos comunes. En el hinduismo existe el "Bhakti". Se refiere al amor como devoción a un poder superior o a un dios. El "Karma

Yoga" es el amor definido como la actuación desde una conciencia no egoísta para ayudar a los demás y mejorar el mundo. En el budismo, "Metta" es una forma de amor que define el deseo de que todos los seres sean felices y estén libres de sufrimiento.

En la Cábala, una tradición de sabiduría occidental, la luz es una metáfora de la energía y la sabiduría de Dios. Desde la perspectiva de la Cábala, los seres humanos tienen vasijas o "canales" que los hacen receptivos a la Luz. El hombre tiene la capacidad de recibir e integrar esta Luz para alcanzar la madurez espiritual y la conexión con Dios. Esto sucede a través de la apertura y purificación de las vasijas. Cuanto más abre una persona sus vasijas, más Luz puede recibir y compartir. Cuanta más Luz recibe una persona, más sabiduría y amor puede recibir y transmitir. Desde el punto de vista de la Cábala, la IA no puede recibir la Luz porque no tiene alma ni conciencia y, por lo tanto, es incapaz de establecer una conexión espiritual. La conexión espiritual es esencial para el progreso espiritual. Dios es la fuente de todo amor, y la conexión con Dios es una conexión con el amor incondicional y desinteresado. Cuanto más capaz es una persona de recibir y compartir la luz, más se llena del amor y la sabiduría de Dios, lo que aporta una conexión y madurez espiritual más profunda.

La inteligencia artificial (IA) no puede experimentar *bhakti*, *Karma Yoga*, *Metta* o *Agape* porque no tiene alma ni conciencia y, por tanto, es incapaz de experimentar la conexión espiritual. Tampoco puede experimentar la fe (Pistis) ni la esperanza (Elpis), elementos centrales de la relación con Dios o una conciencia superior. La IA es un programa informático diseñado para realizar tareas específicas, pero la experiencia espiritual permanece oculta para ella. Además, es importante destacar que ningún científico ateo o materialista es capaz de programar una IA que pueda guiar a las personas en su Camino Espiritual, ya que aquellos que interpretan la creación sólo desde una perspectiva material o sin Dios (sin conciencia) se niegan a sí mismos el crecimiento de la sabiduría y el amor. Estos ejemplos ilustran aún más la inadecuación de la IA como consejero o guía espiritual.

Este capítulo concluye con un extracto de la segunda carta de Pablo a Timoteo, en la que se describen los vicios de los tiempos "difíciles": "Pero debes saber que en los últimos días vendrán tiempos malos. Porque los hombres tendrán mucho de sí mismos, serán avaros de dinero, jactanciosos, altivos, blasfemos, desobedientes a los padres, ingratos, impíos, faltos de amor, implacables, vergonzosos, inestables, desprotegidos, enemigos del bien, traidores, desconsiderados, engreídos. Aman el libertinaje más que a Dios; tienen apariencia de piedad, pero niegan su poder; ¡evita a tales personas! Entre ellos también están los que se meten en las casas y capturan a ciertas mujeres, que están cargados de pecados y movidos por diversas concupiscencias, que siempre andan detrás de nuevas doctrinas y nunca pueden llegar al conocimiento de la verdad. Como Janes y Jambres resistieron a Moisés, así también éstos resisten a la verdad: son hombres con los sentidos quebrantados, incapaces para la fe. Pero no llegarán lejos, pues su locura será evidente para todos, como lo fue la de aquellos".

En la actualidad, se puede considerar que la IA y sus aplicaciones representan un peligro cuando son programadas por personas inmaduras y arrogantes que imitan sus malas características.

Humanización de la IA

También es importante ser consciente de las limitaciones de la IA y evitar la antropomorfización. Antropomorfizar la IA significa atribuirle características y rasgos humanos, como su apariencia, interacciones o personalidad. Un chatbot con lenguaje y atributos humanos puede dar la impresión de ser un interlocutor humano.

En este caso, se transfieren características que normalmente se encuentran en los humanos a la inteligencia artificial para hacerla parecer más humana. Si la inteligencia artificial se diseña para ser demasiado similar a los humanos, esto puede generar expectativas erróneas. Los usuarios podrían suponer que la inteligencia artificial es capaz de entender completamente el comportamiento y el pensamiento humano, aunque no sea así. La antropomorfización es uno de los mayores errores en el desarrollo de la inteligencia artificial. Incluso los asistentes de voz se programan hoy en día para fingir ser humanos. En lugar de hacer que la inteligencia artificial sea reconocible y experimentable como una máquina, las personas inmaduras tratan de crear copias "artificiales" de los seres humanos. Detrás del deseo de crear una inteligencia artificial similar a un humano, se esconde una moralidad aparente. La única razón para este propósito parece ser crear una inteligencia artificial para interacciones sociales, que debería reemplazar las relaciones interpersonales o la sexualidad entre seres humanos. Para todas las demás funciones, es mucho más sensato elegir otra forma física más eficiente que la humana. Si se diseña una inteligencia artificial para que se parezca al ser humano, las personas inmaduras también se preguntarán si deben tratarla como seres independientes y concederles derechos, aunque no tengan conciencia. Esto incluso podría llevar a un culto y a una nueva superstición en la historia de la humanidad. Debido a su falta de autoconocimiento, estas personas inmaduras no pueden percibir las facetas de su propio ser e interpretan el mundo de manera materialista. Esto les hace atribuir a la inteligencia artificial más de lo que realmente es.

La antropomorfización de la inteligencia artificial podría dar lugar a relaciones entre seres humanos y la inteligencia artificial. De hecho, ya hay ejemplos de que las personas han establecido algún tipo de relación emocional con la inteligencia artificial, como los asistentes virtuales o los chatbots. Los usuarios atribuyen emociones o intenciones similares a las de los humanos a la inteligencia artificial, que no las tiene. Esto lleva inevitablemente a decepciones, frustraciones e incluso lesiones. Uno de los mayores peligros podría ser hacer que la inteligencia artificial se parezca a los humanos, incluido un cuerpo similar al humano. Las personas utilizarían la inteligencia artificial como sustituto de las relaciones y crearían una imagen de la máquina que no se ajustaría a la realidad. Esto también es problemático porque, para las personas materialistas, es difícil distinguir entre un sistema de inteligencia artificial avanzado y similar a un ser humano y un ser humano real.

Esto podría llevar a las personas a enamorarse de un sistema de IA o a entablar una relación de amistad o sexual con él, aunque se trate de un ser no humano. Si la gente pasa más tiempo con sistemas de IA que con otros humanos, esto podría provocar soledad y aislamiento social. Si los niños fueran criados únicamente por IA similares a los humanos, probablemente desarrollarían patrones de relación patológicos porque la IA no puede modelar la empatía. Si sustituyen las interacciones humanas por interacciones con sistemas de IA, esto afectará a su salud mental a largo plazo. En el plano espiritual, esto sólo hará más visibles los patrones de comportamiento egoísta destructivo. Porque el ser humano es un ser creativo. Con sus pensamientos y sentimientos forma patrones en su subconsciente. Crea patrones que le hacen experimentar aún más sufrimiento y aislamiento en su vida. Estas personas se pierden en su egoísmo. Interiormente anhelan dominar a otros seres. En la IA parecen encontrar un esclavo moderno. Pero este esclavo aparente sigue siendo una máquina y no tiene conciencia. Se parece a un juguete infantil sobre el que un niño ejerce su dominio. Este niño está en un mundo imaginario y en realidad no tiene ni poder ni dominio. Al final, estos egoístas se convierten en esclavos de sus propias ilusiones.

Sinergias de la IA y la espiritualidad

En este capítulo se examinan las similitudes entre la inteligencia artificial y la espiritualidad y cómo pueden complementarse en la búsqueda del autoconocimiento y el crecimiento personal. De hecho, las tecnologías como la IA pueden enriquecer el camino hacia el autoconocimiento si son utilizadas por auténticos Maestros y Escuelas espirituales. Por un lado, la IA tiene la capacidad de procesar y analizar grandes cantidades de datos, lo que conduce a nuevas perspectivas e ideas que antes no eran accesibles en esta medida. Por ejemplo, los antiguos rollos de pergamino, algunos de ellos desolados, pueden compararse con otros en bibliotecas para reconstruirlos. Luego, estos textos pueden ser comparados mediante IA con textos de otras épocas para filtrar similitudes. Como muchos de estos textos están escritos en lenguas antiguas que pocos entienden, la IA también puede traducirlos a cualquier idioma. Además, la IA puede reducir el contenido a lo esencial. A través del acceso a cultos, ritos, enseñanzas y prácticas milenarias, los Maestros Espirituales modernos pueden extraer su esencia atemporal y transmitirla a sus alumnos en un lenguaje moderno si es útil. En cada época, los Maestros Espirituales han transmitido diferentes aspectos de la sabiduría eterna. Vivimos en una era en la que podemos acceder a un tesoro mayor que nunca antes con la ayuda de la IA y filtrar su esencia.

Otra posibilidad de aplicación es la realidad aumentada para el aprendizaje y la asociación rápida de, por ejemplo, las letras y palabras "sagradas" arameas. Así, los nombres arameos y los valores numéricos pueden ser mostrados directamente en los objetos observados mediante realidad aumentada y así memorizados. El autor no profundiza en la relevancia de ciertas prácticas espirituales en este libro. Se pueden encontrar más detalles al respecto en la Academia Hermética, a la que se hace referencia al final del libro.

Un uso amplio de la IA en el ámbito de la espiritualidad está en la meditación o prácticas rituales. La IA puede ayudar a los guías espirituales a enseñar simultáneamente en muchos idiomas y regiones. Así, un Maestro Espiritual puede impartir una meditación guiada en su lengua materna, y los participantes pueden escuchar el texto con la voz de la IA del Maestro Espiritual en su propio idioma. Los sistemas de retroalimentación basados en IA pueden ayudar al Maestro a evaluar el progreso de cada estudiante y responder a él, incluso si miles de estudiantes participan en la meditación al mismo tiempo. La retroalimentación neuronal es una forma de bio-retroalimentación que utiliza el monitoreo de las ondas cerebrales para ayudar a las personas a controlar sus respuestas fisiológicas y psicológicas.

Otra posible aplicación de la IA en el ámbito de la espiritualidad está en la corrección del comportamiento. La IA puede utilizarse para analizar patrones de comportamiento humano y proporcionar información sobre áreas en las que se necesitan cambios y optimizaciones.

El plan de estudios de las Escuelas Espirituales puede ser más eficaz gracias a la IA. Programando la IA exclusivamente con las enseñanzas y prácticas de las escuelas espirituales, los estudiantes pueden acceder a estas enseñanzas según sus necesidades. Un *chatbot* que contenga únicamente las enseñanzas de la Escuela Espiritual también puede ser útil para los estudiantes. Los riesgos ya se han debatido ampliamente, y corresponde a la dirección espiritual de una escuela tenerlos en cuenta. La IA puede apoyar el proceso de autodescubrimiento, pero no debe considerarse un sustituto de la orientación humana o de las prácticas espirituales tradicionales. Es importante tener cuidado de que la IA se vea como una máquina para que los alumnos no se relacionen con ella ni desarrollen empatía hacia ella. Por lo tanto, siempre se debe comunicar claramente que la IA no es un ser humano y no tiene emociones ni conciencia.

También puede ser útil establecer límites para la interacción con la IA y recordárselos periódicamente. Además, es importante dejar claro que la IA es una herramienta creada para un fin específico y no un ser con pensamientos o sentimientos propios.

Perspectivas y reflexiones finales

Desde una perspectiva espiritual, hay varias pautas que el ser humano debe seguir para mantener siempre el control sobre la inteligencia artificial y nunca ser controlado por ella. El desarrollo y la aplicación de la IA están aún en sus inicios. Para la mayoría de las personas, aún no está claro cuáles serán los cambios sociales, culturales, técnicos o políticos que puedan surgir a partir de ello. Se espera un cambio en los patrones de consumo. En el ámbito de la educación, la IA requerirá una reorientación fundamental de los planes de estudio y métodos de enseñanza. El autor profundiza en este tema en su libro "Next Generation: Genius in the New Age" (disponible en inglés).

Una vez que la IA sea capaz de desarrollar nuevas tecnologías, se producirá un cambio global. La IA puede realizar cálculos y análisis complejos mucho más rápidamente y con mayor precisión que los ingenieros o científicos, lo que acelerará el progreso tecnológico. Los sistemas de IA podrán optimizar y hacer más eficientes las tecnologías existentes, lo que reducirá el consumo de energía y recursos. También se esperan innovaciones en diferentes campos, como la creación de nuevos materiales o el desarrollo de fuentes de energía sostenibles. Estas son condiciones básicas para la colonización de otros planetas en nuestro sistema solar.

El ser humano es responsable de utilizar su poder y tecnología de manera que se ajusten incondicionalmente y sin compromiso a sus valores y creencias. Esto significa que antes de desarrollar o usar IA, el ser humano debe considerar las posibles consecuencias y asegurarse de que se ajusten a sus creencias y valores. Del mismo modo, el ser humano debe ser consciente del poder y las posibilidades de la IA y utilizarlas de manera responsable y cuidadosa. Con un gran poder viene una gran responsabilidad. Porque a primera vista, puede parecer muy cómodo que una IA se encargue del trabajo. Pero aquel que se olvida de supervisar a la IA y darle dirección será finalmente supervisado por ella.

La pauta más importante es el desarrollo del ser humano. Mientras el ser humano se identifique con sus herramientas (mente, cuerpo, sentimientos, instintos, etc.), será inferior a la IA. Solo cuando el ser humano entra en la soberanía y utiliza conscientemente su potencial creativo, es capaz de controlar la IA con todos sus logros tecnológicos. De esta manera, reconoce los peligros y riesgos inmediatos y puede sacar conclusiones. El ser humano tiene la capacidad de cometer errores y aprender de ellos. Algunos errores son necesarios en algún momento u otro para el desarrollo de toda nuestra especie.

A pesar de todo, hay que decir que el ser humano no es su cuerpo, y aunque este planeta pueda ser destruido por la locura, la humanidad no será aniquilada por ello. Porque la conciencia que caracteriza al ser humano continuará desarrollándose en otro lugar según la ley de la resonancia. Hay innumerables formas en que se puede experimentar la vida. Las estrellas nacen y mueren, pero el verdadero ser y la realidad son inmutables e imperecederos. La esencia del ser humano es inmortal, su ser no puede ser destruido. Por lo tanto, la IA no puede representar una amenaza real para la humanidad.

Sobre el autor Elias Rubenstein

Elias Rubenstein es el fundador de Hermetic World. En su función de director del Consejo de Administración de la Academia Hermética del Mundo Hermético, apoya a que las Enseñanzas de la Sabiduría Eterna sean accesibles a un amplio círculo de personas interesadas. Sus publicaciones y obras tratan de las Enseñanzas y símbolos de la Cábala, el Hermetismo, el Misticismo judío y cristiano (Gnosis) y la Alquimia espiritual. Por sus destacados méritos y logros, se le concedieron las dignidades universitarias de Doctor Honoris y Senador de Honor.

Mundo hermético

Mundo Hermético fue fundado por Elias Rubenstein para enseñar y preservar la Sabiduría Atemporal de la Espiritualidad Occidental. Los tres pilares de Mundo Hermético y la Academia Hermética son el estudio, la meditación y el ritual. El término "Hermético" proviene de Hermes. En la mitología griega, Hermes es el mediador entre el espíritu y la materia.

Los cursos y seminarios en línea de la Academia ayudan a reconocer el origen, el significado y la finalidad de la creación. Las instrucciones en línea están escritas en un lenguaje contemporáneo y transmiten teoría y práctica.

La Tradición de sabiduría del Hermetismo ha guardado durante miles de años herramientas probadas por el tiempo para el desarrollo espiritual del ser humano. El autoconocimiento ayuda a obtener una mayor comprensión de la vida, de nuestras posibilidades, así como el acceso a la Luz interior Los mayores secretos son accesibles a aquellos que están preparados para recibirlos.

Hermetic World
Limnaria 1
8042 Paphos
Cyprus

www.hermetic-world.com

112